お座敷でのあで姿

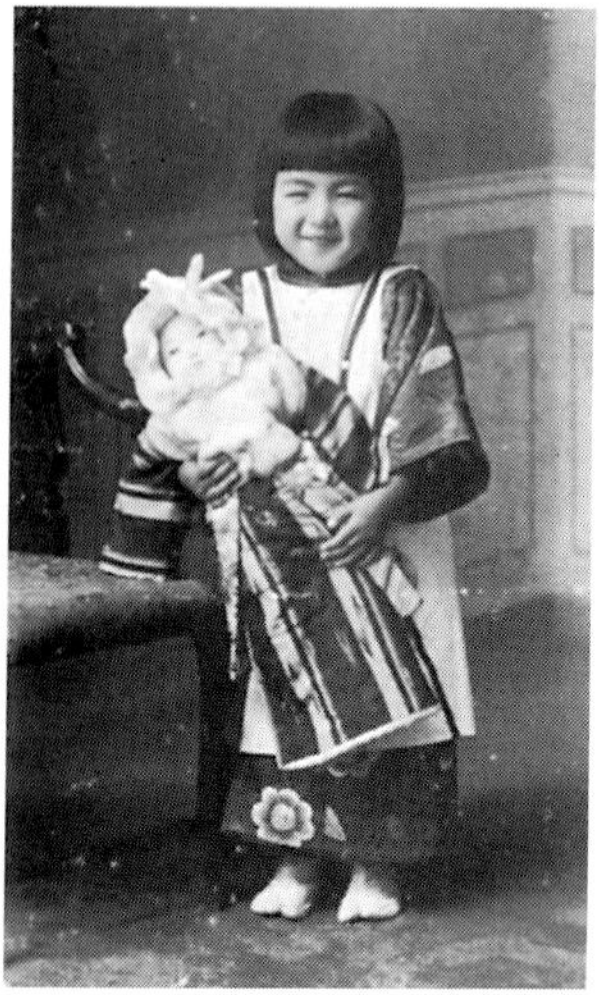

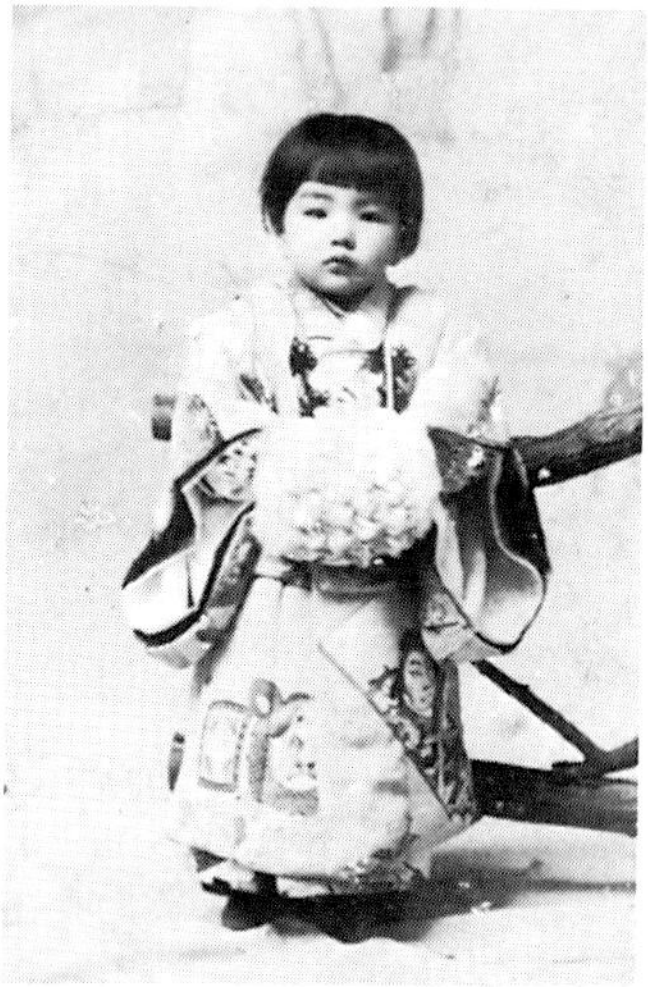

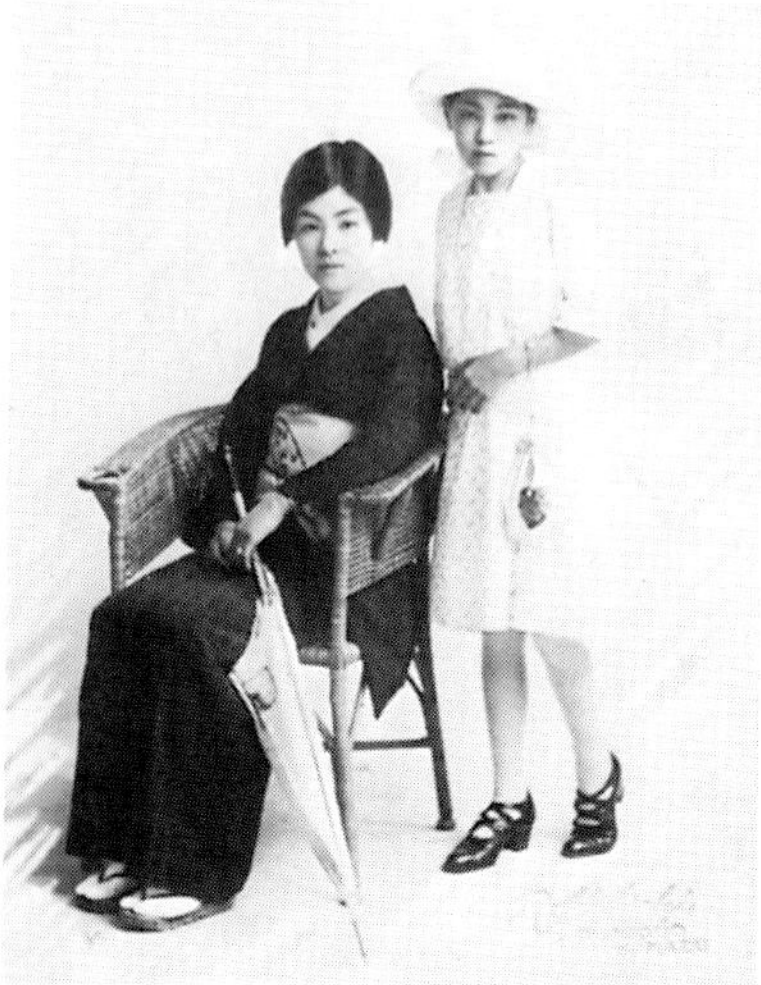

右上：1歳半
左上：3歳半
左下：10歳、母と一緒に。
　　　沼津の夏休み

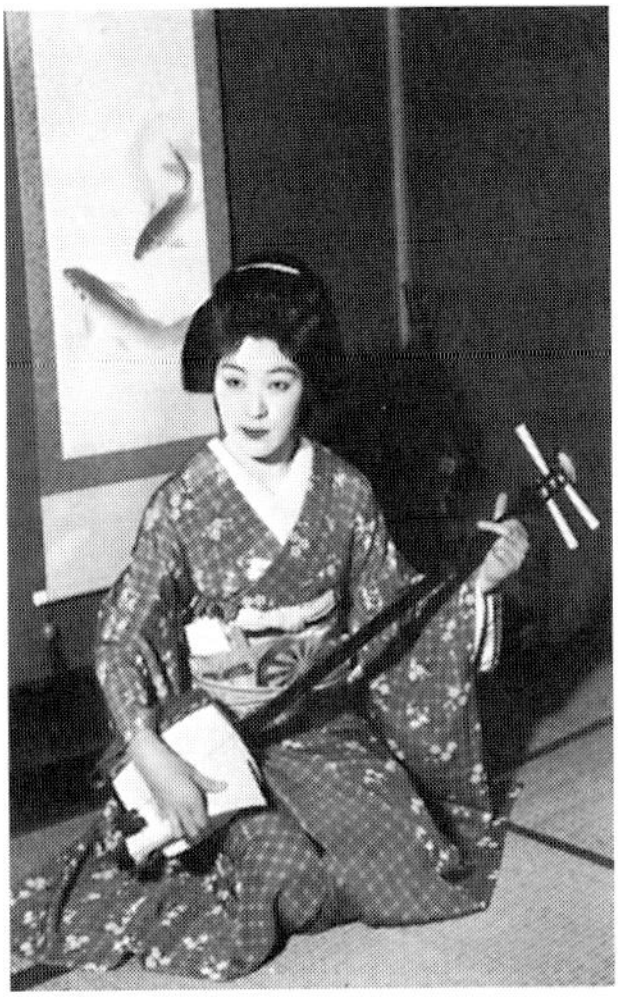

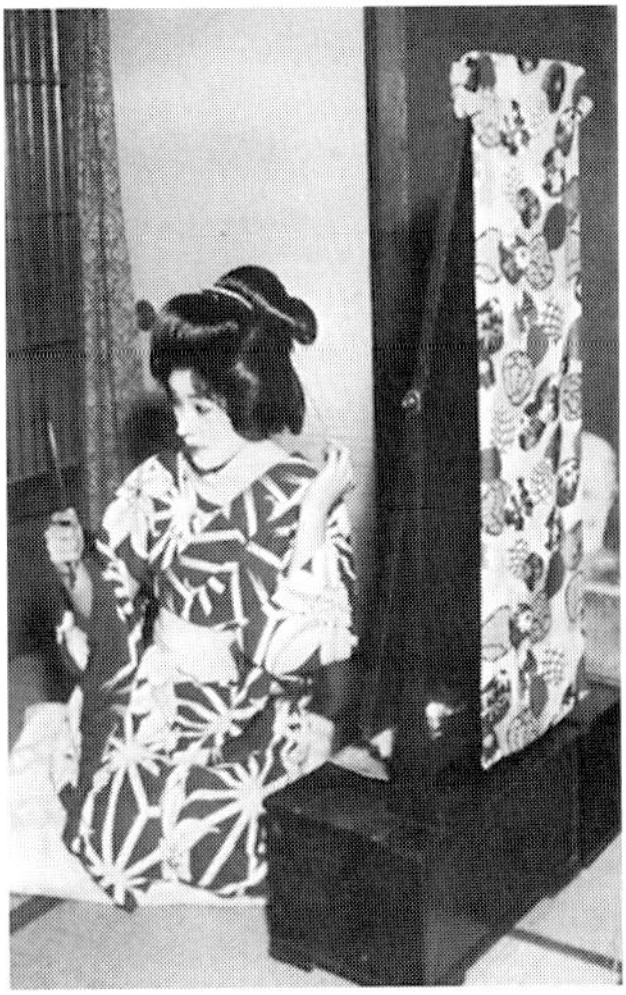

右上：お化粧中、かつらをかぶったところ
左上：得意の三味線を持って
左下：西銀座7丁目のあたしの家。夏です。どこの芸者屋さんもこんな風でした

横浜、山下公園でのスナップ。
昭和11～12年頃

所沢の飛行学校で。アブロという
ガタガタの飛行機が練習機でした

築地の「川喜」での変装パーティ。前列左より、1人おいて柳沢健様、奥田直一様（半玉さん）、鈴木九萬様、あたし（かっぽう着姿、皆様の着付けに忙しくチャンとする暇がなかったのです）、稲葉様（半玉さん）、1人おいて友香ちゃん、後列左より、林謙一様（着物）、2人おいて伊奈信男様（芸者）、今子ちゃん、近藤春雄様（お小姓）、1人おいて粕谷様（芸者）

昭和 11 ～ 12 年頃。彼と一緒のときはいつもこんなスタイルでした

ウィリアム・ハースト夫人と帝国ホテルの前で

あたしの後ろが王蔭泰様、まわりは皆、要員たち。左は八千代子ちゃん

デトロイトの新聞記者、グエン・デュウさんとあたし

フィリピンのリポーター、マイラ・ニエバさんとあたしの家で

結婚式、昭和 15 年秋

ダイヤを売って買ったフォードＶエイト。夫、太田一雄と

和製マタハリ、サリーを
着たあたし

カルカッタで。飯田深雪夫人とあたし

交換船、竜田丸にて。左端が夫、その右が難
波様、その他は商社の方たち。昭和17年夏

江戸っ子芸者一代記

中村喜春

草思社文庫

江戸っ子芸者一代記　【目次】

昭和初期の銀座(許可地界隈)

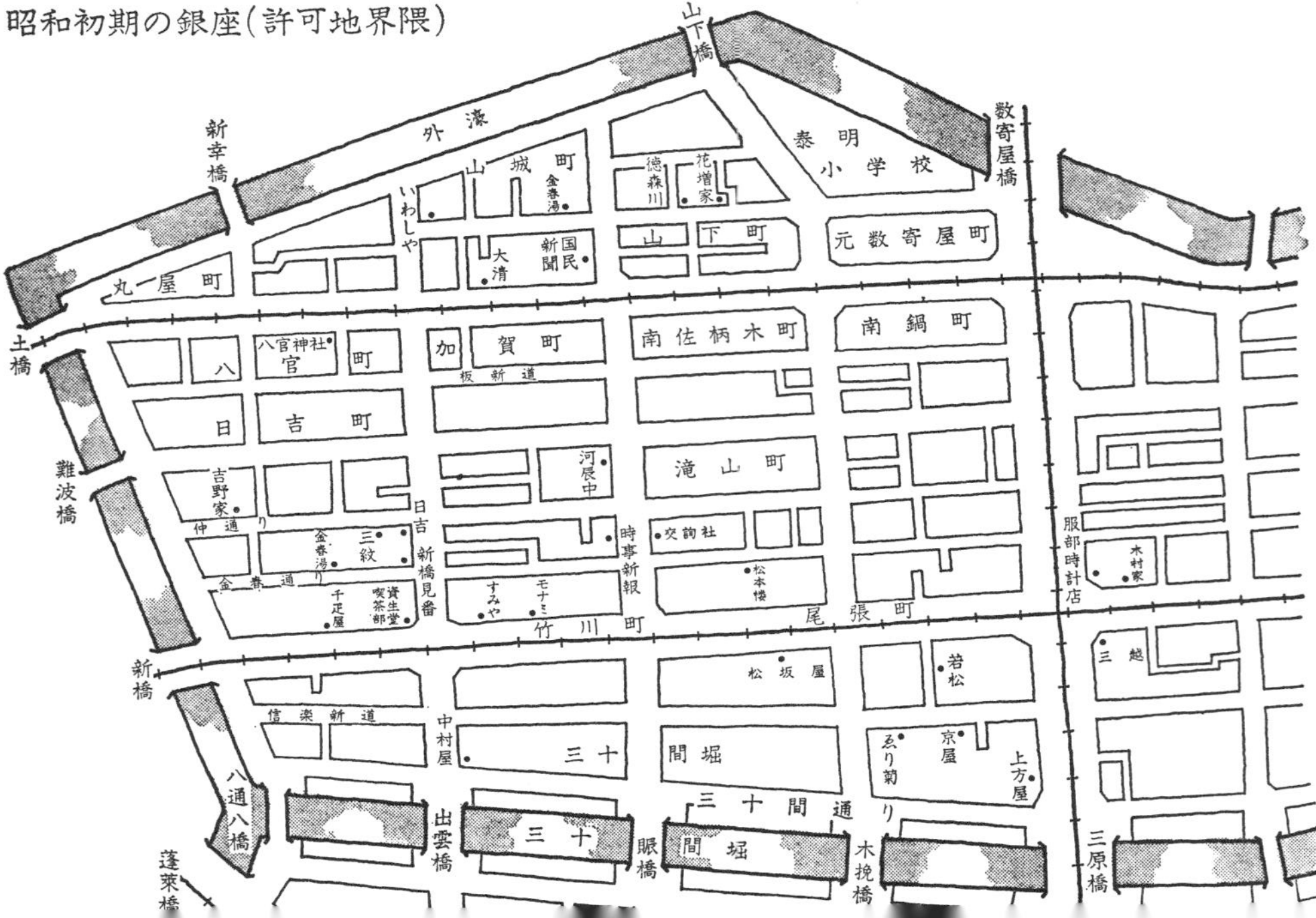

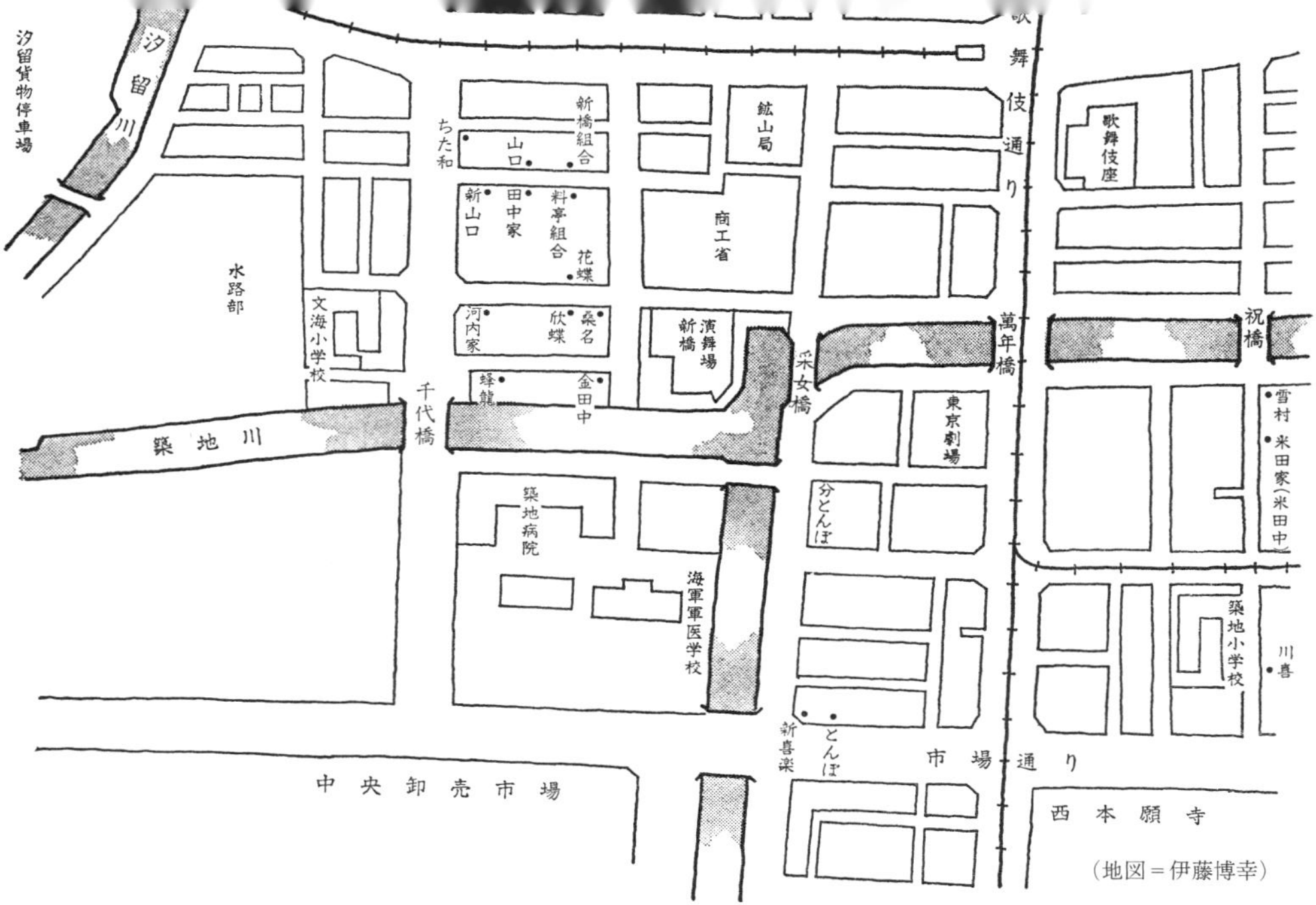
汐留貨物停車場
汐留川
水路部
文海小学校
築地川
千代橋
ちた和
山口
新橋組合
新山口
田中家
料亭組合
花蝶
河内家
欣蝶
桑名
蜂龍
金田中
鉱山局
商工省
新橋演舞場
采女橋
歌舞伎通り
歌舞伎座
萬年橋
祝橋
東京劇場
分とんぼ
築地病院
海軍軍医学校
新喜楽
とんぼ
市場通り
中央卸売市場
西本願寺
雪村
米田家(米田中)
築地小学校
川喜
(地図＝伊藤博幸)

許可地の朝

今朝も、また「花増家《はなますや》」のお父《とう》さんはお召《めし》の大名縞《だいみようじま》のどてら姿で玄関前の駒寄せ*の植木に水をやっています。

だいたい芸者屋さんのお父さんというような人は皆、朝寝坊と決まっています。それなのに、このお父さんは、十何人もの抱《かか》えさん（芸者衆のこと）のいる置屋《おきや》のご主人には珍しく、あたしが毎朝学校に通う七時半頃には、ちゃんとこうして起きて植木に水をやっているのです。夏場は麻の甚兵衛さんだったり、また、おふんどしひとつで肩に濡れ手拭いをかけていたり、寒い時分は、どてら姿や寝巻に半纏《はんてん》をひっかけていたりします。

お父さんは自分の家の前を、きれいに箒の目を立てて水を打っているときもあります。何人も女中さんや内箱《うちばこ》さんがいるでしょうに、いつもお父さん自身でやっています。そうそう、内箱さんというのは芸者衆の雑用や着付けをするおばちゃんのことです。

このお父さんをあたしはえらい人だなあ、と思います。もっとも、お父さんは盆栽がご道楽なんです。陽のあたる春先の朝なんかズラリとご自慢の盆栽を駒寄せの棚に並べて、煙草を煮つめた汁を細い筆の先につけて、お米粒みたいな葉っぱを一枚一枚丹念に洗っていることもあります。

その頃、昭和の初めにはＤＤＴなんてありません。盆栽の虫除けには煙草を煮つめた汁を使ったのです。

あたしが毎朝トコトコ歩いている道筋は「許可地《きょかち》」といって芸者屋やお茶屋（料亭のこと）を営業することのできる場所です。

その頃、この辺一帯にはたくさんの芸者屋さん、お茶屋さん、そして三十間堀のそばには江戸時代からあるという遊船宿《ふなやど》が軒を並べていました。今の銀座六丁目、七丁

＊　駒寄せというのは、昔、馬を使っていた頃に馬をつないでおいた柵から来たものです。西部劇の映画で酒場の外に木の柵があり、それに馬をつないでいますが、つまりあれなのです。京都の芸者屋さんでは、これを紅殻塗（暗い紅色）にしていますが、東京では白木でした。この中に丈の低い植木を植えたり（あたしのところではツツジを植えていました）棚を造って盆栽を置いたりしたものです。

目、八丁目の西側と東側のあたりです。昔は山城町《やましろ》、八官町《はっかん》、信楽新道《しがらきじんみち》、金春新道《こんぱるしんみち》などという地名があり、泉鏡花や永井荷風先生の小説にはこうした地名がよく出てきます。銀座通りをはさんで両側がひとつの部落のようになっていました。

また、新橋演舞場の周辺、それから築地の本願寺のそばには百人以上の大きな宴会ができる「とんぼ」「新喜楽」「山口」「金田中《かねたなか》」「蜂竜《ほうりゅう》」などの大料亭が並びます。

あたしが学校に行く道にも芸者屋さんがズラリ、したがって人力車の帳場（「たまり」といい、「日吉」「大清」などがありました）もあり、お風呂屋さん、それに日本髪がうまいと評判の髪結いさん、ちょっと横丁に入ると、芸者衆専用の、簪《かんざし》やお白粉、口紅、お財布などを売っている小間物屋さんや芸者衆専用の下駄、日傘、雨傘などを売っているお店もあり、八丁目の角には五階建ての見番《けんばん》*もありました。

とにかく、朝の七時半やそこらでは寝静まってシーンとしています。牛乳屋さんのリヤカーがガチャガチャと通るくらいのもので、昨夜《ゆうべ》、雨だったりすると芸者屋さんの駒寄せに黒塗りの高下駄が干してあったり、二階の軒先に取りこみ忘れた足袋や半衿《はんえり》がヒラヒラしているのが目に映るだけでした。芸者屋街の朝は何の物音もしません。

あたしは当時、十七歳です。セーラー服を着て、髪を三つ編みにし、それを両肩に下げていました。そして、毎朝、なるべく下を向いてスタスタと歩いているのですが、ときたま「花増家」さんの前を通るときにフイとお父さんと目線が合うときがあります。

でも、お父さんは「あれっ、どっかで見たことのある学生だな」と思うくらいで、すぐに水まきや盆栽いじりに戻っていきます。まさか、この学生が喜春《きはる》という若い妓《こ》だとは気がつかないみたいです。お父さんとはしょっちゅう組合の寄合や家元さんのお稽古のときに見番のエレベーターの中でお目にかかって、相当親しくお話ししているというのに。もっとも、いつも日本髪に着物ですもの。まさか、朝の七時半から、お下げの髪にセーラー服を着て、カバンを下げて、ズックの靴でトコトコ歩いている女の子が喜春だなんて考えてもみないのでしょう。

西銀座七丁目、今の軽金属ビルの後ろあたりになりましょうか、ちょうど角に「国民新聞」という新聞社がありました。その真向かいが「金春湯《こんぱる》」という、お風呂屋さんです。

＊　お出先や芸者の全部の事務をとりしきるところ。お茶屋さんの伝票を芸者屋に照し合わせて、お金を払ったり、税金を払ったりするところ。新橋の見番は五階建てのビルで三階から上は長唄、清元、常磐津、踊り、お茶、お花などのお稽古場となっていました。

その頃、高田浩吉にそっくりだという評判の三助さんがいて髪を洗ってくれたり、首すじを剃刀であたってくれたりするのです。「あたる」というのは芸者衆が衿足を美しく見せるために、むだ毛を剃刀で「剃《そ》る」ことですが、花柳界では「剃る」は縁起が悪いとのことで「あたる」と言っていました。

しろと屋*さんの街の三助さんは背中を洗ってくれるだけだそうですが、この辺の三助さんは背中を流すのはもちろん、髪洗いや衿足剃りという特別サービスもするわけです。

その高田浩吉にそっくりの三助さんのために、たくさんの若い芸者がわざわざ遠くから髪を洗ってもらいに来ていました。あたしの友達の友香《ともか》ちゃんは一日置きに髪を洗ってもらうので「頭の地がすりむけちゃってヒリヒリするのよ」なんて言っていたものです。

「金春湯」の左側には西村さんというお酒屋さんがありまして、お酒の他に炭、薪なども商っていました。ここのおばちゃんは「河辰中《かわたつなか》」という大きな芸者屋さんの内箱さんでした。

その先、四、五軒は芸者屋さんが並んでいます。ずっと行くと右側に「いわし屋」といういわし料理専門のきれいなお料理屋さんがありました。おじさんが朝日新聞の記者をしていらしったとかで、新聞関係はもちろん、芸能関係や文学関係の方が多く来られて、とてもはやっていました。

　このお店は今でもあります。そのとき赤ちゃんだった紀元ちゃんがご当主だと思います。

「西村酒店」の真向かいがあたしの家です。西銀座七丁目のその家から毎朝、新橋駅まで歩き、そして省線（国電）で神田に行き、神田で乗り替えて御茶の水に行きます。御茶の水から歩いて本郷金助《きんすけ》町にある「第一外語」（第一外国語学校）というのに通うわけです。

　地下鉄は新橋、浅草間しかありませんでした。だから、省線で神田に出て、神田から御茶の水に行くより、他に方法はないのです。

　さて、今朝はどうやら「花増家」のお父さんとは顔を合わせることもなく省線に乗りました。御茶の水に降りますと、ちょうどラッシュアワーになるところでゾロゾロたくさんのお勤めの人たちが御茶の水駅に向かって歩いてきます。だいたい、毎朝、お逢いする顔ぶれももう決まっているみたいで、ホームか改札口か駅の前で鉢合わせ

＊　水商売でない家。あたり前のお店の家のこと。

して「おはようございます」とごあいさつする人も何人かできてきました。

なかでも、毎朝お顔を見るのが外務省の太田三郎様です。この方はご兄弟とも外務省にお勤めでした。お兄様は太田一郎様、その頃、東亜局にいらしったと思います。三郎様はたしか終戦後、横須賀の市長になられました。

お兄様も弟さんもよく外務省の宴会でお目にかかりました。三郎様は御茶の水駅の近くにお住まいと見えてほとんど毎朝、駅でお顔を見るのです。でも、あたしはいつも目線を合わせないようにうつむいてサッサと通りすぎるので、向こう様はぜんぜんお気がつかないようです。

つい昨夜もこの三郎様に「山口」の宴会でお逢いしたばっかり。お客様も芸者も若手ばかりが集まってキャアキャアキャア騒いだりなさった。

そして、今朝はバッタリ改札口で正面衝突したけれど、ちょうど「花増家」のお父さんと同じで「おやっ、どっかで見たような学生だな?」というお顔をなさる。

そりゃ、そうよね。昨夜《ゆうべ》なんか
「喜春ちゃん、よく稼ぐね、若いのに…どこの宴会に行っても、君は現れるじゃないか」とおっしゃる。

「そんなに稼いだら、ずいぶんたくさん貯金ができたろう」とお冷やかしになるので

「ええ、あたし、うんと稼いでうんと貯金して持参金持ってお嫁に行くの」とお答えしました。すると、三郎様は
「うあー、すげえなァ、僕んとこへおいでよ」とおっしゃる。
「ほんと？　ほんとにお嫁さんにしてくださる？　それじゃあ、うんと持参金を持ってオーサマのところへ行こっと」と言ったら
「だけどね、持参金もらって、喜春ちゃんももらっちゃ悪いから、持参金だけもらっとくよ」だって…。
「ひどーい！　喜春ちゃん、あんた体《てい》よく断られてるんじゃないの」
仲よしの小豊《ことよ》ちゃんが大憤慨してくれたので、皆で大笑いをした昨夜《ゆうべ》の今朝なのに
「どうしても思い出せないなあ」みたいに何度も振り返って見たりなさる。
また、今夜あたり「新喜楽」か「山口」の宴会でお逢いするのだわ、そしてまた次の朝は、こうして白っぱくれて…。
一人でくすくす笑いながら学校へ向かいます。
毎晩、お座敷に出るときは髪を島田にして、紋のついた着物の裾を引かないとよいお茶屋さんでは入れてくれません。

安直な小紋《こもん》やお召で行った人は必ず女将《おかみ》さんや女中頭さんに「着替えていらっしゃい」と言われて、すごすごと帰っていきます。

お座敷は六時から九時まで。これを「お約束《やくそく》」といって、一カ月も前から予約が入ります。そして、九時になると箱屋さんが着替えを持ってきてくれます。このときは、小紋でも紋お召でもよく、裾も引かず、おはしょりにしてよいのです。帯も丸帯でなく、名古屋帯でもかまいません。

六時から九時まではフォーマルなお座敷着でないといけませんが、九時からは少しだけカジュアルなものに着替えて、それぞれ二次会、三次会に行くわけです。

大きな宴会は、どちらもだいたい六時から九時までで、そのお座敷によっては、いろいろな余興が出ます。余興は落語、講談、手品、漫才、大神楽《だいかぐら》、歌謡曲、そして、そのあとでたいてい、土地のお姐さんたちの踊りが出ます。この踊りはその時々の、お客様のお好みで、半衣裳のときあり、素踊りのときあり、また段物《だんもの》あり、小唄ぶりありです。

ちょうど小唄勝太郎さんや、小梅、喜代三なんて方たちがレコードで売り出した頃でしたから毎晩、この方たちのきれいな声を聞くことができました。

特にあたしの大好きな市丸姐さん、この方はお着物の好み、髪の形、何から何まで大好きで、いつも「きれいだなあ」と見とれていました。

落語の三升家小勝おじさんは、その頃もう八十歳でしたけれど、お座敷ではまとまった話をするというより、むしろ「まくら」だけで、すぐ時間が来ちゃう、という話ぶりでした。ひどい毒舌で、お客様に宝塚の社長の小林一三様がおいでになったときなど

「だいたいあの小林一三なんてやつはひでえ野郎だよ、女の子をズラッと並ばせやがって足をあげさせて、それでもうけてやがる。あきれけえった野郎だ」なんて言うのです。

また、台湾製糖のご宴会のときなど

「何だか鼻の下の長《なげ》え甘《あめ》え面《つら》の奴がそろってやがると思ったら、砂糖屋の宴会かァ」なんて言います。

また、日本スポーツ協会というのか連盟というのか、とにかくスキー関係の方ばかりのご宴会のときに

「何だか知らねえけど、ありゃ何だい。あの衣紋竹《えもんだけ》の親方みてえのを足に履きやがって雪の上をすべって喜んでやがる。大の男が勢揃いしてやってやがるんだから、よっぽど調子の狂ったのがそろってやがんだなァ」なんて言ってしまうのです。あたした

ちは、はらはらしますけれど、お客様は大喜びで、毎晩そこら中のお座敷に招《よ》ばれていました。

何しろ、すごく威勢のいいおじいさんで、昔馴染みの六十近い大姐さんたちが話かけても「あたしゃ婆ァは嫌いだよ」なんて言って、いつもあたしたち若い連中と一緒に座っていました。

そうそう、ここで箱部屋《はこべや》の話をします。「箱部屋」というのは芸者および芸人さんたちの控え室のことです。大広間と言えるような五十畳くらいの大きな部屋です。

この部屋には直径四尺くらい（約一メートル三〇センチ）の大火鉢に桜炭《さくらずみ》をかんかんにおこして、十何個もあちこちに配置よく置いてあります。大火鉢はだいたい桐ででできていて、まわりに蒔絵《まきえ》がほどこしてあったり、美しい木目が磨きだされていたりしました。

そして、それぞれの大火鉢には、どうしても同年配の人が集まって座るようになります。

その当時、新橋だけでも千二百人も芸者がおりましたから、大年増《おおどしま》は六十近い大姐さんから、若いところでは十二か十三の半玉《はんぎょく》さんまでいるわけです。

六十がらみの大姐さんは皆ひとつの火鉢にかたまって座ります。中年増のお姐さんはやはりその年配同志、また、あたしたちくらいの若い芸者は皆同じ年頃で集まります。

　ご宴会のお客様のお集まりの遅いときには四十分や五十分待たされることはよくあります。

　そんなとき、それぞれの芸者衆のあいだに落語家《はなしか》さんとか講談師《こうしやくし》さんとか、手品師、漫才師さんなど、いろいろな芸人さんが割りこんで座ります。

　あたしが覚えているのは、まず落語では春風亭柳橋さん、三遊亭金馬さん、柳家三亀松さん。金馬さんは「孝行糖」がまだ耳に残っていますが、箱部屋では釣りの話ばかりしていました。三亀松さんは年増も若いのもかまわず片っぱしから芸者衆をくどく、それも箱部屋できっかけをつけちゃうというので有名でした。

　それに、大神楽の丸一小仙さん。傘の上で独楽《こま》をくるくるまわしたり、そのまま、あごの上に乗っけて歩いたり、本身の刀に独楽をまわしたまま刀の切っ先まで渡らせたりする面白い芸の持ち主でした。

　李彩《りさい》さんという支那人の曲芸のおじさんもいました。舞台では片言の日本語で「ヒタリノテアラダメ、ミギテアラダメ（左の手を改め、右の手を改め）」

と言って両方の手に何の仕掛けもないことを見せるのですが箱部屋ではペラペラの

江戸っ子口調で

「あんた、きれいになっちゃったね、近頃！」

なんて言うのです。おかみさんは日本の方で、小李彩《こりさい》さんという息子さんと水をいっぱいたたえた壺を抱えたままクルリとでんぐり返ると、壺が空っぽになり、生きている兎が飛び出してきたりして、お客様よりあたしたちのほうがずっと大喜びしたものです。

講談は大島伯鶴おじさんや宝井馬琴さん、一龍斎貞山さん、皆素晴しかった。

大島伯鶴おじさんは、おかみさんも娘さんも新橋の芸者で、親子三人でマネージャーの村上さんの運転するダットサンに乗ってお座敷に出てこられるので、こういう芸人一家も羨ましいなァ、といつも思ったものでした。宝井馬琴さんはとてもやさしいおじさんで、よくあたしたちにも話かけてくださったけれど、貞山さんという方は箱部屋でも真四角に座って冗談ひとつ言いません。ニコリともしない方でした。きっと、まじめな方だったのだと思います。

また、その頃、漫才のエンタツ、アチャコさんが関西から出てこられました。それまでの漫才は、三河万歳で、大黒様みたいな帽子をかぶって本物の鼓《つづみ》を打ちながら「ひとつ、ともせ、エエ」なんて、実に卑猥な唄をうたうものでした。

お正月に三河の国から出てきて、おめでたい唄だけをうたって歩いたものです。ところが、エンタツ、アチャコとなると、今までの古い形の「万歳」とはまるっきりおもむきがちがって、字も「漫才」となり、浅草から丸の内にまで進出して、映画にまで出るようになりました。

弥次喜多道中の五十三次の映画（水戸黄門の助さん格さんだったかな？）で、エンタツさんの喜多さんが、ちょんまげにロイド眼鏡をかけて「ああ、ええ景色やなァ」なんて松並木のところで立ち止まり「アッ、しもた、キャメラ忘れてきたんやァ」なんて言って笑わせました。今までの変なくすぐりの万歳ではなく、この人たちには本当に涙を流すくらい笑わせられました。

また、まり千代姐さん、浜勇《はまゆう》姐さん、小くに姐さん、染福《そめふく》姐さんなどの踊りは、その当時の第一級品で、地方《じかた》も、つる子姐さん、小つるちゃん姉妹の清元、菊太郎姐さんの長唄なんて素晴しかった。あたしのひいき目をのけても、今でもつる子姐さん、小つるちゃん姉妹の清元は日本一じゃないかと思っています。

毎夜、一流の芸人さんのさまざまな芸を見せていただき、週末には、お芝居を見たり、映画を見たり、そうでなくてもものを覚えることでまるっきり吸取紙みたいな頭の喜春は、毎日毎夜、見るもの、聞くものが楽しくてなりません。

お稽古ごとも、お師匠さんが、びっくりなさるくらいよく覚えました。こんな、知識欲のかたまりみたいな幸せのかたまりみたいな喜春が、やがて、バッタリと壁につき当たったように本当に苦しい思いをすることになります。

それは、その頃、新橋に外国人のお客様がふえてきたことです。外務省、鉄道省観光局、新聞社などの宴会、あるいは大きな会社の園遊会（ガーデンパーティ）などには、外国のお客様がたくさん来られます。「フジヤマ」「ゲイシャ」と言われるように外人のお客様には、「芸者」はたしかに珍しい存在だったと思います。だって、世界中どこを探しても「ゲイシャ」なんて職業は、ありませんもの。

外国のお客様と言えば、まず第一に新橋の芸者を見せてあげようということなのでしょう。ところが、外国のお客様のお席ではあたしたち芸者は、ただニヤニヤと笑ってお酌だけしています。日本語なら、どんなお客様でも退屈させないという自信のあるお姐さんでも外国人のお客様では手も足も出ません。

座持ちがうまいので有名な芸者衆でも、どうにも形がつきません。こうして、外国のお客様に、お目にかかるチャンスがたいそうふえると同時に、あたしの胸の中に、どうにもならないモヤモヤが生まれてきたのです。

だいたい外国のお客様には通訳がついてきます。外務省、観光局なんかのときは、ご主人側が皆英語がおわかりだから問題はないのですが、たいていの場合は、通訳さんが得意そうにペラペラと英語をまくしたてるか、または、ひどい通訳さんになると初めだけ「ジャパニーズ・ダンス」と紹介して、あとは勝手に自分で呑んでいる人もいます。

まり千代姐さんや小くに姐さんが素晴しいお衣裳で踊りはじめたときの通訳さんの様子を見ていますと、どの人もどう見ても長唄や清元を知ってるご人体《じんたい》じゃない。大丈夫なのかしら？　本当にわかってしゃべってるのかしら？　いくら英語ができても日本の芸事《げいごと》がわかってなかったら解説ができるわけがない。どうもあたしの見ている限りでは、どの通訳さんもまるっきりわかっちゃいないような気がします。

「ああ、英語がしゃべりたいな」

あたしはもういても立ってもいられない気持ちです。

「英語を勉強したい」「片言でもいい。お姐さんたちの踊りだけでも説明したい」

それが胸に突っかかって身体中が熱くなるくらい、イライラしてきました。

「どこへ相談に行こうかしら？」

外務省のどなたかにお話してみようか？　そうだ、観光局だったら佐原憲次局長の時代からずうっとごひいきになっています。

「あ、そうだ。田《でん》様にお話してみよう」

観光局は、まず田誠様（今の参議院の田英夫様のお父様）より他にお願いする方はない、とハッキリあたしは決心しました。そしてとうとう田様に、お願いして、何とかあたしの気持ちを聞いていただくことにしました。

「どうしても英語やりたいんです」

「じゃ、誰か先生を紹介してあげるから、個人教授で勉強すればいいよ」

「いいえ、あたし学校に行きたいの」

「えっ、学校に行きたい？　じゃ芸者止めるのかい？」

「いいえ、芸者って夜働くんですもの。長唄のお稽古なんか昼間やればいいと思います。学校ってのは、みんな朝でしょう？」

「何だって？　朝学校へ行って午後にお稽古に行って、夜稼ぐのかい？　大丈夫かい？　そんなにはりきって…？」

「ぜったい大丈夫です。あたし疲れたことなんて一度もないし、四時間眠ればいいんです。ナポレオンさんか喜春ちゃんかって言われているんです」

「すごい意気込みだなァ、まあ三年は勉強するんだね。その前にへこたれて〝もう止めます〟なんて言ったらみっともないぞ」

「そんなこと、死んでも言いません。きっとやります。あたし誓います。キリスト様にも観音様にもお不動様にも誓います」

とうとう田様も笑い出されて

「よしよし、それじゃあ学校を紹介してあげよう」ということになりました。

芸者だということはぜったいにばれないように、身なりにしても、行動にしても、そこらのしろとの娘さんと違わないようにすること、行き出したら、いくら疲れても、だらけて宿題をさぼったり、休んだりしないこと、等々を誓いました。そして、そのおかげで学校通いを始めたわけです。

その頃、本当にナポレオンさんなみに四時間くらいより眠らなくても平気だったあたしは、その習慣が今でも残っているみたいで、この歳になっても、あまり疲れるということを知りません。いつでも、どこでも、四時間か五時間かぐっすり眠ってケロリとしております。

それはさておき、学校の話にもどります。まず朝は六時半に起きます。

祖母と母とねえやとあたしと四人の家族です。毎朝、母も祖母も起きてあたしがご飯を食べるのにつきあってくれます。

学校につきますとみっちり英語ばかりつめこまれます。本当の初歩のA、B、C、から始めて宿題は出ますし、なかなか考えていたほどやさしいものではありません。学校が十二時半に終わりますと、すぐに日本橋の吉住さんに長唄の三味線のお稽古に行きます。これがすみますとすぐに家に帰り、宿題をやってお風呂に入り、お化粧をします。

長唄のお稽古は見番のお稽古なんかに学校の帰りのセーラー服で行くと、すぐに学校へ行ってるのが仲間の皆にわかってしまう。そうすると、せっかく一生懸命やっているのが水の泡になります。そこで日本橋の吉住さんに通うことにしたのです。

師匠は、吉住小靖治さんといって、奥様の博子さんもあたしの仲よしですから、セーラー服のままで行ってもけっして他の人にあたしが新橋の喜春だなんて言う方たちではありません。それに、幸せなことに、お弟子さんは、皆、しろとの方ばかりでした。やはりあたしは長唄の三味線はうまくなりたいので、いくら英語の学校に行っていても、長唄の稽古だけは欠かせたくなかったのです。

そうして、お化粧をして、五時半には箱屋の半ちゃんが着付けをしてくれます。

島田のかつらをつけて、お座敷着の裾を長く引き、丸帯をしめると身体がピタリときまります。俥屋さんが来て、祖母の打ってくれる切火《きりび》*に送られて、お出先《でさき》へ出かけます。

あたしたちの人力車は、ぐるりに黒の紗が張ってあるので、たいていの人は美人に見えるわけ。ヒョイとななめにかまえて、島田のびんの毛をかき上げる芸者姿は、黒の紗越しに見ると誰でもすごい美人に見えるそうです。

そして、六時までにお出先に入りますが、六時から九時までは、お約束の大宴会ばかりです。

大広間を三つもぶちぬいて、両側にきら星のようにずらりとお客様がならんで座っておられます。

やがて下手《しもて》のふすまが開くと、裾を引いた芸者が一人ずつ、おみお膳**を捧げて、衣ずれの音をさやさやとさせながら、正面のご正客***の前に持っていきます。

＊　切火は災難にあわぬように、また身体を清めてお商売に出ていくため、神棚に上がっている石と金物を打ちあわせてカチカチと火花を出し、玄関を出るときにそれを後ろから浴びるならわしのことです。

＊＊　おみお膳。おみおつけ、おみあしなどと同じ言い方です。ただ、お膳というとわれわれが毎日ご飯を食べているちゃぶ台みたいな感じになりますが、おみお膳というのは三十五センチ四方くらいの黒塗りの短い足のついたお膳で、それぞれお客様個人々々の前に置くものです。なお「お手もと」はおはしのことです。

その頃はテーブルで食事なんていうのは本当に親しい少人数の方たちばかりの、しかも二次会、三次会に限ったことでした。

いちばん先頭に姐さん株の芸者が、ご正客におみお膳を持って出ると、それに続いて、次々と何人も何人もの芸者が、静々とおみお膳を運んでいきます。それぞれ黒塗りのお膳に、お盃とお手もとをつけただけのものを、目八分に捧げて、衣ずれの音をさやさやと思い思いの美しい色どりの裾を長く引いて、青畳の上をすべるように続くこの情景は、本当に息をつめるように美しくもあり、また、荘厳でさえあります。

おみお膳のお運びがすみますと、ご主人側の短いスピーチがあり、また、お客様のご答辞があり、それがすんで「さあ、始めましょう」ということになります。そこで、それぞれ芸者が、お客様の前にはべってお酌を始める段になりますが、芸者はついお顔馴染みが多いので、ご主人側に座りたい。けれど、ご主人側としては、お客様をご接待したいのです。

芸者のいちばん大切なことはぜったいにお客様側に直行して、お客様側にサーヴィスをすることです。たまたま九州とか北海道とか、満州あたりからも来られて新橋なんて初めてだ、という方がたくさんいらっしゃるお座敷では特に気をつかいます。

地方の方ほど顔見知りの芸者がいないから、初めはお客様のほうが格好がつかない。

「新橋の芸者は、お高くとまってる」とか「ツンツンして、偉い人でないと相手にしてもらえない」なんて評判もありますから、あたしは地方の方ほどなお大切にして、何とか話の糸口を見つけて、一生懸命、永いあいだのお馴染みのような気分におさせします。

すると必ず次からは、どこのお席にお招《よ》ばれになっても「喜春というのを招《よ》んでくれ、とても気持ちよく話してくれる妓《こ》だ」と、こうなりまして、名差しをしてくださる。

あたしはだいたい、お座敷が大好きで、少しくらい身体の具合いが悪くても、お座敷に行くと、なおってしまいます。

お客様があるとき「花蝶」の大きな女将さんに

「喜春って若いのに、よくつとめる妓だね」とおっしゃったときに女将さんは

「いいえ、あの人はつとめてるんじゃありません。お座敷が好きで好きで自分が楽し

*** 宴会の中でいちばん重要なお客様のことです。そして、原則として床の間の正面、お掛けもののかかっている前に座る方のことをご正客といいます。主賓というのでしょうか、今でいうVIPのことです。

くてしょうがないんですよ。つとめるどころか、自分が喜んでいるんですから世話がありません」

とおっしゃったそうですが、どこへ行っても毎晩、本当に楽しかったのです。

「お座敷の好きな喜春ちゃん」は、こうして夜は稼ぎながら、朝、学校へ行くおかげで、少しずつ英語がわかってきました。

初めは手まね口まね、手だけじゃなくて足まで使いたいくらいの大努力で、片言ながら少しずつ外国のお客様との受け答えができるようになってきました。

宿題は、わら半紙にピッチリと謄写版で二枚くらい出ます。でも、それをお座敷着の衿にはさんでおいて、お座敷で外人のお客様にやっていただくのです。だから家元さんに宿題をお願いしているのと同じですから、学校では成績はいつもトップでした。何しろ、朝、問屋さんでおろして、夜、小売りしているみたいなものですから、とても調子がいいわけです。

あたしがまだ英語をよく話せない頃、お見えになった外国のお客様で、印象に残った方が何人かいらっしゃいます。昭和九年でしたかしら、アメリカのガッチリとした男の方ばかりのグループが新聞社のお招《よ》ばれで来られました。そのなかにズングリとした団子っ鼻の、でも笑うと白い歯がとても愛嬌のあるおじさんがいました。

「あれが有名なベーブ・ルースという野球の選手だ」とどなたかが教えてくれました。また、やせた背の高い人がフォックスさんといって、これも野球の人だとのことで、ジャンケンポンを教えてさし上げたり、とても楽しく遊んだものでした。

また、小柄で品のいい白髪のおじさまと、きつい お顔で髪の毛の赤い女の人と、このお二人は新婚旅行だといっておられましたが、毎夜、外務省や新聞社や、いろいろな方面の方にご招待されて見えられましたが、男の方は有名なチャーリイ・チャップリン、女の方はポーレット・ゴダードという方だそうで、女の方は若いけど、おきゃんな感じでしたが、チャップリンさんは品がよくて、とても静かな方でした。

あたしも、もちろん「黄金狂時代《ゴールド・ラッシュ》」で汚いオンボロの靴を食べたり、おかしい動作ばかりなさるチャップリンさんを見ていましたので、スクリーンとは大違い、あまり上品でまた、小柄なのでびっくりしました。

もう一人ハリウッドの方で覚えている方がいます。その頃、もう相当なお歳で大柄な美しいアメリカ人の奥様が旦那さま（イタリアの男爵）とご一緒に見えました。

真っ青なきれいなお目をパッチリとあいていらっしゃるのに、この奥様は、まったく目が見えないのです。何だか痛々しくて涙が出そうになりました。この方はパール・ホワイトというハリウッドの女優さんで、主演作を何本か撮った方とのことでした。旦那様がお歳をとっていらしったけれど、いちいち手をとって何もかもしてあげていたのがたいそう美しく見えました。

また、「東京日日新聞」の高石真五郎さんとご一緒にアメリカの新聞王といわれるウィリアム・ハーストさんのご夫妻も来られました。奥様のすごい毛皮のコートをあたしが着て、奥様があたしのお座敷着を召して面白い写真を撮ったりしました。この方のお孫さんが、先年、誘拐されたパトリシア・ハーストさんです。

ハーストさんは戦後に見えたとき、十三年ぶりでお目にかかりましたが、よくあたしのことを覚えていてくださり
「ウエル・プリザーヴド（よく保存されていたこと）」

とおっしゃったので、「毎日新聞」の高田さんや工藤さんが
「うまいことを言うね、やっぱり、ジャーナリストだな」

とおっしゃったのを覚えています。

だんだん英語がわかってきますと、嬉しくて嬉しくてたまりません。毎朝、学校で仕入れてくる新しい単語を、夜、外国のお客様相手に練習できるのですから本当に幸せでした。

学校では、ロンドン生まれのミス・メアリー柳川という、お婆ちゃまにとても可愛

がっていただきました。あたしの発音がクラスでいちばんいいとほめてくださいます。

「アイ・キャーン」なんて言う人があると
「ノオ・アイ・カーン」と直されます。

「アイ・ゲッスス」なんて言うと
「ノオ・アイ・プリジューム」と言わされる。

何しろ、カチカチのキングス・イングリッシュですから、英国のお客様のときは、本当にほめていただきました。

学校では、クラスに二十八名の生徒がいまして、女はあたしと長氷子（チョウ・ピンシイ）という支那人の子と二人っきり。彼女はあたしより、ずっと歳上で、おカッパさんで、そばかすだらけで、いつもピッチリとした俥屋さんのパッチみたいなのをはいていました。

日本語があまりできないし、英語もできないし、だからあたし以外にはぜったいに口をきかない。せっかく英語の学校に入ったのに、毎日あたしと日本語のオベンキョウばかりしてるみたい。

だんだん彼女は日本語がわかってきて、嬉しかったのでしょう。かわいい支那の針刺しをくれました。あたしはつまみの簪《かんざし》をあげました。

朝、学校に行って机をあけると、ヘタクソな英文のラヴレターが入っています。これは、いつもお教室のすみに座っているニキビだらけの森田君だということは、すぐわかります。下谷の電気屋の息子で、困っちゃうくらい親切なのです。それにもう一人、厚い近眼鏡をかけて、ポチャポチャ太って色が女の子みたいに白く、指なんかえくぼがあいてる安達君。これは本郷の時計屋の息子で、キンキンに先をとがらせた鉛筆を六本、ピンクのリボンでしばって持ってきてくれたりします。

今のところ、森田君と安達君の「さやあて」なのです。ご存知でしょうが「さやあて」というのは歌舞伎の狂言のなかで、名古屋山三と不破伴左衛門が一人の女の人を争うという話です。だから、今の状態は森田君と安達君の「さやあて」というわけです。

「君んち、どこ?」って聞かれると

「あたし親がないから、親戚にあずけられているの」と言うことにしています。

二人とも、いや組中の人も先生も、まさかあたしが新橋の芸者だなんて夢にも思ってはいないでしょう。芸者仲間でも、仲のいい小豊ちゃん、万栄ちゃん、小栄竜《こえいりよう》ちゃんだってあたしが学校へ行ってることは知りません。

ただ一人、箱屋《はこや》の半ちゃんには言ってあります。この人は口が固いから、お出先に行っても、他の芸者屋さんに行ってもぜったいに言いません。

「あたしが学校行ってることは、誰にも言わないでね」

と頼めば、死んでも言わない人です。この人は家中が百パーセント信用している人です。

皆、それぞれ芸者屋には出入りの箱屋さんがいます。昔は桐の長い箱に入れた三味線をかついで、芸者衆のあとをついて歩いたから「箱屋」という名がついたといいます。

歌麿の浮世絵などを見ていただくと芸者のあとに、いつも箱屋がついています。何しろ、かさばって重いから芸者が自分でかついでお出先には行けなかったのです。

今は三つ折りにしてスーツケイスに入りますから、おさらいのときや「東をどり」のときでも、気軽に三味線弾きは自分で持ち運びができますが、昔は長いまま箱に入れて肩にかつぐより運ぶ方法がなかったようです。

箱屋さんたちは見番から出るサラリーなんてわずかなものでしょうが、芸者屋から、あるいは芸者個人からのご祝儀で生活を立てているようでした。

ところであたしがいちばん困ったのは、箱屋さんが学校に電話をかけてくることです。

お昼のお座敷がかかると、学校にかけてくるよりほかありません。お昼のお座敷は、大きな園遊会とかお舟行きとかのときは、一カ月も前からお約束がかかり、あらかじめ日と時間を言ってくださるから、その日は学校を休めますけれど、急に遠くから来られたお客様が、二、三日より東京におられるだけ…なんてときには昼より仕方のないときがあります。

たとえば南洋庁の堂本さんが二日だけより東京にご滞在にならないとか、横須賀鎮守府の長谷川清中将が今日一日だけとか、満州重工の鮎川さんと伊藤さんとが今日だけよりお時間がないとか、そんなときに限ります。

そういうときは「そのまま」というお座敷です。文字通りそのままでうかがってもいいのです。どんな大きなお茶屋さんでも、お稽古着に紋のついた羽織でも許してくれます。

あたしは、そんなときは家にとんで帰り、お下げの髪を後ろにまとめてリボンでおさえて、お嬢さんらしいやさしい小紋を着たり、矢絣《やがすり》を着たりして行きます。他のお姐さん方も縞《しま》お召《めし》に紋のついた羽織をはおったり、かすりのお召に染め帯のしゃれたものをしめたりして、かまいません。そんなときにこそ、必ず箱屋さんが「そのままで」と言ってくれます。フォーマルなお座敷姿でなくていいという意味が「そのまま」ということになります。

さて、お昼のお座敷がかかるときには、まず箱屋の半ちゃんが小使い室に電話をかけてきます。すると、小使いさんの米田さんがバタリバタリと、ゴム裏のスリッパをひきずりながら、お教室の窓の外からのぞきこんで、あたしを見つけると、ニヤリと笑います。

リューマチで半身不随のおばさんとこの米田さんは、学校創立以来、小使いさんをしています。

とても気のいい親切なおじさんです。

先日も、急にジャアジャア降りになって、傘を持ってこないで困っていたら
「御茶の水まで送ってってあげよう。どうせ、おつかいに駅のそばまで行くから」と言って駅まで送ってくれました。

次の日に「木村屋」のあんぱんを買って、おばさんにあげたら、大喜びしてくれました。

米田さんが、お教室に入って、まず英国人のダーフィー先生に何か小さい声で言います。すると先生は
「ミス・ヤマモート」とあたしを呼び

「あなたの家に急病人が出たからすぐに帰りなさい」と英語で言われます。

ソーラ来た！　とあたしはすぐにかばんを抱えて、でもちょっとイヤイヤみたいにグズグズして見せますけれど、立って先生におじぎをして、お教室の外に出ます。

米田のおじさんは

「また、お祖母ちゃんが悪いのかね？」

と心配そうに聞いてくれます。

あたしは

「おじさん、ありがと」

と言うと、それこそ風のように外に出て、円タクをひろいます。その頃のタクシーは一円でしたから、「円タク」といいました。

お祖母さんが病気になったり、あたしがお腹が痛くなったり、親類の人を殺したり……お昼のお座敷がかかるたびに、いろいろと嘘をつかなければなりませんでした。

箱部屋のロマンス

箱部屋の大火鉢のまわりで、お客様のおそろいを待つあいだに芸人さんと若い芸者とのあいだにいろいろとロマンスの生まれるチャンスが出てくるのは、ごく当たり前のことです。

何しろ、ご正客のお着きが五十分も一時間も遅れるときがこの箱部屋の大火鉢のまわりをかこんだ仲間同志の会話がもっともはずむときなのです。

五十年配からの大姐さんのところでは、この頃の若い妓がいかに生意気だとか、どこそこの今度お披露目した妓は、出て三日目にすごいお金持ちの旦那がついたとかいったことが主な話題です。

また、あたしたち若い妓は好きな人のおのろけを夢中でしゃべります。

「今、慶応の書生さんだけど将来はきっと大臣になる人なので、今、一生懸命に働いて、年《ねん》があいたら、必ずお嫁に行くのよ。今はお稽古の帰りに〝モナミ〟で逢うだけ

なんだけど…」とか
「好きで好きでたまんない人がいるの、だけど片思いなので、どうしてもこの思いが通じるように八官さま（コンクリートになりましたが八官神社ってのは今でもあります）に、おみかんとアイスクリームを絶っちゃったの」と言う人もいます。

そうかと思うと、恋人が歌舞伎の若い名題《なだい》さんなので「比翼紋《ひよくもん》の座布団を届けたのよ」なんて自慢する妓もいます。

比翼紋といいますのは、自分の紋と恋人の紋とを組合わせて、新しい家紋を造ることをいいます。たとえば、あたしの紋が揚羽《あげは》の蝶で恋人の紋が鷹の羽のぶっちがい（忠臣蔵の浅野内匠頭の紋）だとすると、揚羽の蝶の羽だけを鷹の羽にしたり、あたしの仲よしのすずめちゃんみたいに自分の紋が花菱《はなびし》で、恋人の紋が重ね扇ですと、扇一枚だけの中央に花菱を入れたり…。

また、ある人は自分の紋が橘で恋人の紋が井桁《いげた》で、大喜びで比翼紋にしたら、お祖《そ》師《し》様（日蓮宗）の紋になってしまい、皆に笑われたり…。とにかく、その頃の若い芸者のあいだでは恋人の紋をつけるのが大流行でした。

別段、恋人の段階に至っていなくて、「おかぼれ」くらいでも相手の紋をつけるのは、ときには意思表示にもなり、デモンストレーションの一種にもなりました。「おかぼれ」というのはプラトニック・ラヴのことです。

もしほ兄さん（今の勘三郎さん）を好きな春子姐さんは浴衣でも長襦袢でも、紙入れ（お財布）でも、何もかも、もしほ草をつけていらしったし、段四郎さん（今の猿之助さんのお父様）を好きな元千代姐さんは沢瀉《おもだか》ずくめでしたし、しうか兄さん（後の守田勘弥さん、水谷良重さんのお父様で玉三郎さんのお養父様）を好きな広太郎姐さんは、かたばみを、着物にも帯にも、つけておられました。

というようなわけで、若い十七、八は恋人のおのろけ専門です。

十二、三歳くらいの半玉さんたちは、またひとつの火鉢にかたまって座って、「立田野」のあんみつより「若松」のあんみつのほうがアンコが多いなんて言っています。この時分はまだ色気でなくて食い気専門です。

その頃は児童虐待何とかかんとかなんて法律のない頃ですから、十二歳くらいから半玉さんになれました。だから本当に可愛らしい半玉さんがたくさんいました。

とにかく、皆グループによって話題がまるっきりちがいます。だからこそ、同年配が集まって座るわけなのですけれど。

また、子持ちのお姐さんたちは、子供さんの中学の入学試験の話、はしかの話などで持ち切りです。

そんなときには必ず奥から女中頭の方が出てきます。

女中頭というのはさしずめ大きなお茶屋さんの仲居さんのチーフ兼店のマネージャーといったところでしょうか。どこの大きな料亭でも、女中頭というのは春日の局みたいな人が多く、女将《おかみ》さんよりずっと強くて、きびしい方が多かったと思います。

「山口」ではおふじ姉さん

「新喜楽」ではおすみ姉さん

「とんぼ」ではお勝姉さん

「金田中《かねたなか》」ではお光姉さん

というように、皆、女将さんの片腕というか、毎夜、宴会の大小を問わず、部屋の割り振りから芸者の出し入れ、お料理の采配まで皆、女中頭の裁量です。

女将さんがちょっとお商売がふるわなくなったときに、女中頭の人が自分の持っている土地を売って急場に用立てたとか、若いときから女将さんと人間的に信頼しあって、どんな場合にも女将さんのためにつくしたとか、いろいろな美談を持っている人が多く、それだけに発言権も強くて、若い芸者たちにはいちばん怖い存在でした。

新橋ばかりでなく、赤坂でも柳橋でも、大きいお茶屋さんには、この春日の局的、大久保彦左衛門的女中頭さんが必ずおられたと思います。

さて、箱部屋に戻りますが、子供の話をしているお姐さん方のところに、女中頭のお光姉さんが入ってきます。

「ちょっと、お座敷に出る前に子供さんの話はお止めなさいよ。お顔が世帯染みますからね」と叱られます。

いつも芸者は美しく、世間の苦労を知らない優雅な顔をしていることが理想なのです。だから芸者は、お客様の前でものを食べることをタブーとしています。どんなにお腹が空いていても、いくらすすめられても、芸者の慎みとして食べてはいけません。

また、お客様にさされて、それを受けてご返盃するのはいいけれど、自分から「一杯いただきたいわ」なんて、吞ませてほしい様子をするのはいやしいこととして止められていました。

うわばみという仇名を自他ともに許す芸者が吞ん兵衛のお客様と吞みくらべをするなんて例外もありますが、これは珍しいことで、あたしの長い経験でも、二、三回、しかも二次会か三次会の、ごく親しいお客様だけのときに限られていました。

後年、あたしは銀座の一流のバーやナイトクラブに連れていっていただきましたが、ホステスさんは、お客様の前でつき出しやサンドイッチや果物をむしゃむしゃ食べますし、カクテルや水割をどんどん吞みますのでびっくりしました。やはり学校が違うのだなと、しみじみ思いました。そりゃホステスさんの場合は食べれば食べるほど、呑めば呑むほど売り上げが上がるわけですものね。

もうひとつ、芸者のタブーに「客席にはべっているときの私語を禁ずる」というのがあります。

一歩お座敷に入りましたら、その瞬間からお客様の時間なのですから芸者同志が私語《はなし》をすることはぜったいいけないことなのです。

これも後年ナイトクラブでホステスさん同志が
「あんた、昨夜《ゆうべ》あれからどうしたの？」

「ああ、あと菊寿司へ行ってサ、お寿司ごちそうになったのよ。あんたも来りゃよかったのにサァ」

「ヘエー案外、彼気前がいいジャン」なんて話してます。こんなときも、やはり新橋芸者アカデミーとホステスさんとの教育の違いを痛切に感じました。

そうそう、またもとの箱部屋に話を戻しましょう。

芸人さんと若い芸者が何となく話が合って二人っ切りで逢いたくなり、そしてだんだん深入りして、しまいには一緒になっちゃった、なんてことも多々ありました。

ただ、柳家三亀松さんのように一通り平均に当たってみるなんて猛者《もさ》もあります。

「この妓《こ》、まったく情《じょう》のある、いい目をしてるねえ」
なんて手をとる。これを皆のいる前でやるのですから、ほとんど冗談ともとれます。
「喜春ちゃん、ご飯でも一緒に食べに行こうか？　ねえン、うばわしてよン」なんて実に堂々とやります。
半分本気みたいで、半分冗談みたいで、若い妓は「いやだわァ」くらいで赤くなっちゃう。
この「うばわしてよン」があたしたちの仲間ではやりまして、あたしの友達の光竜ちゃんなんかが、あたしの手をとって
「ねえン、喜春ちゃん、うばわしてよン」
なんて言うので、皆でキャアキャア言って笑いました。三亀松師匠は高座でもお座敷でも、いつも色っぽい都々逸のあとで必ず女の声で
「ねえン、もうねましょうよン」とか
「イヤーン、バカァ」
なんて甘いせりふが入りました。だから芸者のほうも心得ちゃって
「お師匠《しょ》さん、今夜はお師匠さんのをうばわしてよン」なんて逆にやりこめたりしていました。この「うばわしてよン」戦術が功を奏して、何人の芸者が三亀松さんとお

食事に行ったかは誰にもわかりませんでしたけど…。

この当時は、芸人さんに「先生」なんて言うと
「先生と言われるほどのバカじゃねえよ」

と叱られます。だから、あたしたちは
「お師匠《しよ》さん」と呼んでいました。「お師匠様《ししよう》」という意味です。

講釈師さんだけは例外で、貞山先生とか馬琴先生とか呼びました。きっと武張《ぶば》った偉い方の話などなさるからでしょう。

後年、按摩さんも板前さんも、誰もかもが「先生」と呼ばれるようになりましたが、当時は「先生」と呼ばれると、おっちゃらかされているととるほうが多かったようです。

その当時の「先生」というと、大学、中学、小学校、幼稚園の先生までは、ひっくるめて「先生」と呼びましたが、あとは、せいぜいお医者様か弁護士さんくらいまでだったように思います。

また、商店のおかみさんは皆おかみさんで、本当の山の手の奥さんでないと「奥さん」とは呼びませんでした。下町でもお医者様や学校の先生の夫人は「奥さん」と呼びましたが、八百屋さんや魚屋さんでは奥さんとはいいません。まして、どんなに大

きい料亭でも旅館でも、女将《おかみ》さんは女将《おかみ》さんでした。

あるとき、外国に行かれるお客様をお見送りに横浜へ行きましたとき「雪村」（新橋の大きな料亭です）の女中さんがお見送りに来ていて
「今日は奥さんがどうしてもうかがえませんであたしがお見送りにうかがいました」

とお客様におわびをしていました。そのとき、ちょうど松井翠声《すいせい》さんが来合わせていて
「おやおや、築地の待合の女将《おかみ》が奥さんになっちゃったのか。情ねえなァ」

と本当に情ないお顔をなさったのを覚えています。

後年、おそば屋さんもお豆腐屋さんも皆「奥さん」になっちゃったので、あの頃の日本語は今の日本語とはずいぶん違ったニュアンスがあったのだと感じています。

ところでこの松井翠声という方はハリウッドにおられた人で、上山草人《かみやまそうじん》、早川雪洲《せっしゅう》などと親交のあった、元は活動写真（無声映画）の説明者、いわゆるカツベンだった方です。その当時、アメリカから「マーカス・ショウ」や「パンテージ・ショウ」などというボードビル的なショウが来るたびに、日本語と英語で司会をしていました。この「マーカス・ショウ」というのにはまだ下積みだったダニー・ケイが一緒に来ていたのを覚えています。

さて、今度はあたしの親友のことを書きます。小栄竜《こえいりよう》ちゃんのことです。この人は新橋の大きな芸者屋の娘で、しかも人形ぶりの名人でした。「先代萩」の「政岡」や「酒屋」の「お園」なんかは、友達のひいき目ばかりでなく本当によかったのです。

この人は意地の悪いお姐さんがあたしをいじめたりすると、必ず出てきて、どんなお姐さんにでも突っかかっていってあたしをかばってくれました。あたしが高島田に紫地の御所解《ごしよとき》の着物なんか着ているとと意地悪なお姐さんは

「あら、しろとの娘の見合いかと思ったわ」とか

「どっから踏んでも芸者じゃないよ」とか

「ころりんしゃんが来たよ」とか面と向かって言うのです。

あたしは祖母の好みで、なるべくお嬢さんらしくと、髪も高島田で、しろとくさい着物を着ていました。

でも、本当にひどいお姐さんがいてお客様の前で恥をかかせたくてたまらないようないじめ方をするのです。

そんなとき、小栄竜ちゃんが入ってくるとあたしはほっとしたものです。

この人は生粋の芸者で、キビキビと啖呵を切ってくれました。あたしが半分涙ぐんで胸の中でキヤキヤしてるようなときは、あたしの言いたいことをポンポン言ってく

れました。

このあたしの親友が人もあろうに柳家金語楼師匠のおかみさんになっちゃったのです。

やはり初めは箱部屋の大火鉢をかこんでがきっかけです。彼女はとても物真似がうまい人で、盛んに金語楼師匠の真似ばかりしていました。そのうちに大恋愛となり、とうとう芸者をやめて金語楼夫人となり、のちにロカビリーの歌手（ミッキー・カーティス、平尾昌晃と三人で売り出した山下敬二郎）と他に娘さんが二人、合計三人の子供をもうけ、一生浮気がやまなかった金語楼師匠のために四十年近く、女の人のことで苦労をさせられたのです。

また、もう一人、一鈴《いちすず》ちゃん。この人は有名な映画監督の小津安二郎さんと、サァずいぶん永いあいだ恋人同志でしたが、あちらのお母様の反対で、とうとう結婚できなかったようです。

その他にも若い芸者のラヴ・ロマンスはちらちらと耳に入りました。そうそう、もう一人、これはあたしよりだいぶ歳上の方でしたが、千代梅さんという方が心中しました。

近藤柏次郎《はくじろう》さんという天才的なピアニストの方と「東をどり」の舞台がすんだあと、

美しい踊衣裳のまま、二人で緋縮緬《ひぢりめん》のしごきで離れないように身体をしばって、眠るように嬉しそうに死んでいかれたと聞きました。

その当時、あたしは心中に憧れて、どこへ行っても
「ああ、心中したいなあ」

と口走っては
「物騒なこと言う妓だね」

と笑われました。二人で一緒に死ねるくらい好きになるなんて、素晴しいと思っていたのです。

その千代梅さんのことを考えると、胸がどきどきするくらい、心中というものが美しくて、そんなに好きな人があたしの一生に出てくるのかしら、なんて一日中考えることもありました。

その他に映画の俳優さん、レコードの歌手、野球の選手、若手の歌舞伎の御曹子、それに清元、長唄、踊りのお師匠さん等々、若い妓はそれぞれ浮名《うきな》を流していました。

お稽古の帰りに若い芸者は銀座の「千疋屋」のフルーツパーラーや、「資生堂」「モナミ」などで好きな人に逢いました。若い恋人たちはお金がないし、また、あったとしても、お茶屋さんでは入れてくれませんもの。

また、半玉さんは慶応の学生さんと「若松」でお汁粉を食べて、お互いに何も言えないで黙って座っていたりしました。

およそ花柳界の若い芸者というのは一種の温室育ちなので今考えると嘘みたいに初《う》心《ぶ》な人が多かったと思います。あたしも、ふくめて…。

お舟行き

五月頃になりますと、あたしたちはそろそろ「お舟行き」の着物を染めさせます。一越《ひとこし》や金紗《きんしゃ》は汐気で縮んだり、波がかかってベタベタするので、まずだいたいは平《ひら》絽《ろ》の三本絽、二本絽というところです。

模様も暑苦しい花模様は避けて、波とか蛇籠《じゃかご》とか格子、大名縞、青海波《せいかいは》などの涼しいデザインで、色も、黒と白、紫と白、藍と白というような単色にします。ときには首ぬき浴衣《ゆかた》のように首のまわりだけに大きく紋を染めぬいて、白地でさっぱりとしたものを染めたりします。そんなときには長襦袢は着ません。肌襦袢にピンクの衿をかけて、ほんのちょっとのぞかせるだけにします。日本髪のときは若い妓は赤です。

そして、帯は博多の献上《けんじょう》の単衣《ひとえ》帯や、また、紗や絽の単衣帯をしめます。帯芯を入れないので軽いからです。

夕方、六時頃、築地川の遊船宿《ふなやど》から舟を出してもらい、隅田川をずうっとのぼっていきます。舟が屋形舟のときには、軒先に遊船宿の名のついた提燈が下がってとても情緒のあるものでした。そして、商大の艇庫のところから言問《こととい》に上がります。隅田公園の風情は、桜のときも青葉のときも、また雪のときも、舟から見ると本当に素的でした。

ここでは川風の涼しい夏の「お舟行き」のようすを書きます。

言問に上がるのには目的があります。「言問団子」に行くのです。あたしたちは大喜びで、お団子をいただいたり、またお姐さんたちはおみやげを折に入れて包んでもらい、内箱さんや女中さんに持ち帰るわけです。

いつも「言問団子」のおばちゃんが舟まで送ってくれました。

「またどうぞ」

と手を振ってくれるおばちゃんの姿が遠くなる頃、そろそろ薄暗くなり、灯がともります。そして、柳橋あたりに来ると「柳光亭《りゅうこうてい》」さんや「亀清《かめせい》」さんのお座敷が川からよく見えます。二階の大広間で大宴会らしく、踊っている芸者衆の姿が見えたり、また階下《した》の小部屋で四、五人のお客様がおテーブルで何か楽しそうに笑っておられます。そばで若い芸者衆が三人くらいでビールをお酌しているのがよく見えます。

そして、そこをすぎると、しもたやさん（何のお商売もしていないおうちのこと）が見えて、ご夫婦と子供さんが揃ってちゃぶ台で、ご飯を食べているのが見えたり、物干台で若いおかみさんが赤ちゃんのおしめをとりこんでいるのが見えたりします。その頃は、平屋でも二階屋でも、どこでも屋根の上に洗濯物を干す物干台がありました。

新橋演舞場の下あたりまで来ると、もうキラキラ、ネオンサインが水に映る頃になります。そして、品川に下りていきます。

もちろん手押しの櫓《ろ》ですから船頭《せんど》さんが漕ぐたびにギイギイとよい音がします。その頃の船頭さんは柳橋や新橋の芸者衆の名入りの半纏を着て豆絞りの手拭いで鉢巻をしていました。

品川のお台場の近くまで来ると舟を止めて、お客様は船頭さんにも

「一杯やれよ」

なんてお盃をあげたりしてくださいます。船頭さんは鉢巻をとって喜んでお盃を受けます。あたしたちもお料理をお取り皿にとりわけてあげたりします。涼しい汐風に吹かれながら、ご自慢の小唄をおうたいになるお客様もあり、たいそうしんみりと好きな人にぴったりよりそっているお姐さん方もあります。

その頃、大森周辺は海苔がとれました。だから、夏でも磯くさいにおいとともに、

お海苔のにおいがしました。ゆらゆらとお月様が上がってくると舟端に波がピタピタと音を立てているだけで、静かで何だか別な世界にいるような気がします。

こんなときにこそ本当に、人間の心ってきれいになるのではないでしょうか？　吉田晴風先生や福田蘭童先生がご一緒のときは「月に浮かれて一曲」なんて尺八を吹いてくださいます。

波に砕けるお月様の光を浴びながら身震いのするような名人の尺八を聞くことができたのですから、何てあたしは幸せ者なのでしょう。今もその音色は耳に残っています。お客様も芸者も船頭も、皆感に堪えたように聞き入っています。誰もが涙の出そうな気持ちになるのです。

こんな思いを今の若い人たちに味わわせてあげたい！

お姐さん方でも新橋にはいろいろすぐれた才能のある方が多うございました。実花《じつか》姐さんは歌沢の三味線の名手ですが、同時に俳人で句集を何冊も出しておられます。小時《ことき》姐さんは常磐津の方ですが、この方もよい句を造られるので有名でした。

踊りは、もちろん「東をどり」のスターで、その頃から六代目菊五郎さんにそっくりというキリリとした男っぷりのまり千代姐さん。また、色っぽい美しい女ぶりでは小くに姐さん、染福《そめふく》姐さん（この方は早く亡くなられました）。小しめ姐さんは碁の有段者でした。

こうして、あたしはものを覚える盛りに毎日毎夜素晴しいことばかりをぐんぐん吸収していけたのですから、本当にありがたいことでした。

朝は学校に行きますし、夜はお座敷で何かしら新しいことにぶつかります。特に大きいお茶屋さんでは、お床の間のお掛物など、本来ならあたしたちが見ることもできないようなものがいつもかけてあります。

お正月、「新喜楽」さんのお床の間に、絵なんてちっともわからないあたしでも「ワァーッ」と叫びだしたいような金と朱の富士山がかかっています。女将さんにうかがったら横山大観先生の作だということです。他のお茶屋さんでも小さいお部屋に茶掛の竹田《ちくでん》のものや、ときには武者小路先生の面白いお野菜がかかっていたり、何気なく置いてあるお屛風が小室翠雲先生のものだったりします。

宴会に出てくる食器、蒔絵のお椀ひとつでもよく選ばれたものばかり出ます。お花の活《い》けてあるお花器《かき》にしても、出てくる食器のひとつひとつでも、自然に耳学問というか目学問というか誰に教えられるということもなく少しずつ覚えていきます。

後年、あたしが大人になったとき、よくお客様にお話したものです。

「良い家庭のお嬢様が花嫁学校にお通いになるより三カ月新橋で芸者にお出になるほ

うがずっとプラスじゃないかしら…」
その頃、「主婦の友」の別冊の付録で菊池寛先生の「新花嫁読本」というのが出ました。婦人雑誌で別冊の付録というのは、その頃では珍しかったと思います。その中に菊池寛先生は
「この頃、新橋に喜春という若い芸者が出ていますが、この妓は客席で踊ったり唄ったりはしませんが、若いくせに実に話題が豊富で、いくらでも話ができる。これからの女性はこの子のようなあり方が望ましい」というようなことを書いてくださいました。

文士の方でごひいきになった方のことを書きます。その頃は「作家」とは言いませんでした。小説家とか文士とかいったと思います。
菊池寛先生が「文藝春秋」をお始めになって間もない頃で、ちょうど「オール読物」の出た頃でした。皆さんが「オール、オール」とおっしゃるので
「オールって何ですか?」
とお聞きしたら、吉川英治先生が
「オール読物って本のことだよ」

と教えてくださったのを覚えています。

菊池先生は、よく木挽町《こびきちょう》の「米田家」さんにお見えになりました。久米正雄先生や吉川英治先生がよくご一緒でした。

吉川先生は何気なくて暖くて、若い芸者衆はとても皆、吉川先生が好きでした。

コンチャン（今日出海先生）はよく吾妻徳穂先生とのラヴ・ストーリイを冷やかされては、もう昔のことだと言いながら、富十郎さんと徳穂さんとが駈落ちされたときに、富十郎さんとまちがわれて困った話をいつもなさいました。

永井龍男先生も、お若くてお酒がお強かった。

川口松太郎先生は前に新橋のお姐さんと一緒に暮しておられた話をよくなさいました。おつた姐さんといって、本当に泉鏡花に心酔している文学芸者でいらしったようで、毎日毎夜本当に鏡花の世界のような暮し方をなさったとのことでした。

何といってもハンサムなのは大佛次郎先生でした。ホームスパンのスポーツコートなんか着ていらっしゃると素的でした。よく一度でいいから大佛先生と銀座を歩いて見たいナと思ったものでした。

ときには岩田専太郎先生もご一緒でした。岩田先生は、お目々の素的な方で、まつ毛の長い情《じょう》のある目というのか、吸いこまれるようなお目の方でした。あたしの親友の小豊ちゃんが岩田先生を好きになり、朝、先生のお宅の門の前に立って、それだけで、一日中幸せだと思って帰ってくるなんて純情物語もありました。とにかく、岩田先生も大佛先生とはちがったタイプのハンサムでいらしった。

志村立美《たつみ》先生もご一緒にいらしったけれど、お若くて、ちょっと恥ずかしがりやで、やさしい方でした。

菊池先生は、とてもひいき強い方で木挽町の「米田家」以外ではお目にかかったことがありません。「米田家」の女将さんも菊池先生のお人柄を本当に好きだとおっしゃっていました。

芸者ではあたしとみよしちゃんがごひいきだったと思います。みよしちゃんが先生の二号さんだなんて噂する人もいましたが、あたしはいまだにそうは思いません。

菊池先生って気に入った女の子をはべらせてお話をなさるのがお好きみたい。その頃、カフェーの女給さんなんかといろいろ噂がありましたが（カフェーのほうはあたしぜんぜん知りません）、新橋ではさらさらとしたよい遊び方のお客様だったと思います。

とにかく、ずんぐりとした、ライオンをうんと可愛くしたようなお顔で、強い度のお眼鏡の中でお目々がとてもやさしいのです。そして、見かけによらない、小さなやさしい声で訥々《とつとつ》とお話になる。
また、今でいうチェーンスモーカーというのでしょうか、お煙草がいよいよおしまいというときに、もう次に火をつけていらしった。いつもキャメルでした。
そして赤ちゃんみたいに、バラバラと灰をそこら中にこぼされます。大島の素的なお対《つい》（着物と羽織と同じ生地で仕立てることを「対《つい》」といいます。今はセットといってます）のときなんか見ていてはらはらするくらいです。
とうとうがまんできなくてあたしは
「センセ、今度ね金だらいにおひもつけて先生のお首にかけてあげる」って言いました。あとで久米先生や吉川先生に
「喜春って、ひどいよ。金だらいにひもつけて首から下げてやるって…まったくひどい奴だよなァ」なんて例のボソボソとした口調でおっしゃる。久米先生が
「ひでェ奴だ。尻ひっぱたいてやれ」なんておっしゃるけれど、けっして菊池先生が怒ってはいらっしゃらないのはあたしがいちばん知っていました。
あたしたちは、お客様の種類をバッツリ二つに分けていました。
「女好きの色嫌い」と「女嫌いの色好き」とです。
女好きの色嫌いというのは女の子をいつもまわりに置いて楽しくてたまらない。だ

けど特別な人と深入りするなんてことはない。これはたいそう安全なお客様です。

女嫌いの色好きというのは女の子と会話を楽しむなんてとんでもない。いきなりそのものズバリというお客様です。こんなのは後年、いわゆる作家の方にたくさんありますけれど…。あたしたちはやはりやさしいお話のできるお客様が好きでした。

菊池先生は「お腹すいてないかい？」とか「お小遣いあるかい？」とか聞いてくださる旦那（後援者）のない若い芸者にはとても暖かいよいお客様でした。

あるとき、菊池先生が大柄な、とても苦味走った方をお連れになりました。

「これが今度〝芥川賞〟といって日本でいちばん小説がうまい人にあげるご褒美の賞をもらった石川君という人だよ」と紹介してくださいました。

これが「蒼氓《そうぼう》」で第一回芥川賞をおとりになった石川達三さんです。この方はあたしたち芸者がお酌をしても、お話をしかけてもむっつりとして、とりつくしまもないみたいな方でした。

また、そのうちに長谷川一夫さんによく似た方をお連れになりました。絣のお対に袴をはいておられましたが

「アラ、すてき」

なんて若い芸者は囁きあったものでした。本当にたのもしい美男子でした。この方

は丹羽文雄さんです。

その頃、酒場のマダムとご一緒に暮しておられたり、あれやこれやお噂を聞きましたが、後年あたしと浮名が立ちまして、十返肇さんの「文壇白書」という中にハッキリと丹羽文雄と新橋の喜春との恋愛関係なんて書かれています。これこそ素晴しい「浮名もうけ」ですけれど、やはりあたしにとっては楽しい思い出です。

宇野浩二先生はちょっとちがった意味で素的な方だと思いました。南方にいらしったときのお船の中のお話でした。何か南京虫の話をなさったのですが、その南京虫の一人一人（一匹一匹かな？）がまるっきり感情があるように、その南京虫の表情までやって話してくださったのでいっぺんに好きになりました。

里見弴先生にはよく「米田家」の女将さんとご一緒にお寿司を食べに連れていっていただきました。その頃、相当お歳は召していらしったけれど、鉄無地《てつむじ》の結城の着流しに茶献上《ちゃけんじょう》の角帯《かくおび》、紺足袋に雪駄《せった》で印伝《いんでん》の煙草入れから煙管《きせる》をお出しになったのが本当に粋でよかった。

着流しのお似合いになる方といえばもうお一人、堀口大学先生です。この方も実に粋なよい姿をなさる方でした。西条八十先生とご一緒にいつも吉原に連れていってくださいました。

西条先生はとても吉原がお好きでした。

この吉原に行くというのは世間の人が考えているようにお女郎屋さんに行くのではありません。引き手茶屋で騒ぐのが面白いのです。

いつも「叶屋《かのうや》」さんへ行きました。「叶屋」の女将さんは小柄な人で、とても面倒見のいい人でした。また、吉原に栄子姐さんという方がいて、よそ土地のあたしでも本当に可愛がってくださいました。

あの頃、あたしと同い歳くらいの若い芸者衆で、たしかさち子さんといったかしら、逆立《しやつちよこだ》ちのうまい芸者さんがいました。

いつも髪は島田に結って裾を引いてるのに裾をきゅっと両足にはさんでみごとに逆立《しやつちよこだ》ちをするのです。若くて美人だったからなおおかしかったのです。

吉原の芸者衆は芸達者でなければつとまりません。他の目的はそれ専門の供給者が目白押しにならんでいるのですから…。

吉原の引き手茶屋で騒ぐお客様は本当に芸を楽しみ、雰囲気を楽しむ方ばかりでしたもの。

また、あるとき白髪のおカッパさんで、やさしい言葉でものをおっしゃる方が来られたことがあります。握手をしてくださるとお手がすごくやわらかい。西条八十先生とご一緒に吉原にお供しましたが、この白髪のおカッパさんはフランスでも有名な藤田嗣治さんという絵描きさんとのことでした。

　ここで吉原のその当時の景色を書きます。

　文字通り大きな黒塗りの大門《おおもん》を入りますと両側にずらりと引き手茶屋が並んでいます。そして中央に柳の木と桜の木とがたがいちがいに植えこんでありまして、そのあいだに背の高い春日灯籠のような灯籠が立っています。歌舞伎の「籠釣瓶《かごつるべ》」、佐野次郎左衛門の舞台面と思っていただければまちがいありません。

「花柳界《かりゅうかい》」という言葉はあれから来たのではないでしょうか？

　後年、演歌で「花街《はなまち》の母」なんて唄ってますけれど、これは新しい日本語だと思います。あたしたち「花柳界《かりゅうかい》」とか「花街《かがい》」とか言いましたけれど、「花街《はなまち》」とはぜったいに言いませんでした。

　また、これも週刊誌などで芸者でもホステスさんでも芸名のことを源氏名《げんじな》と書いてありますが、あたしたちは、「芸名」と言いました。源氏名というのは、お女郎だけに限っていました。

　吉原に行きますと「叶屋」さんのお二階へワァワァと上がっていきます。新橋の一流の料亭のように改まった造りでなく、ごくそこらのしもたやさんのお茶の間みたいで、すぐにおテーブルにお酒が出ますと吉原地元の芸者衆が「お座付《ざつ》き」をつけます。お座付きをつけるというのは三味線、鼓、太鼓、笛などで縁起のいい陽気な音曲をやり、三下《さんさが》りの騒ぎなどで雰囲気を盛り上げることです。

そして「角海老《かどえび》」のような大きな妓楼《ぎろう》にくりこみます。

これは江戸時代からある大きな妓楼で、おいらんも昔のまま、お芝居に出てくるおいらんのように髪を立兵庫《たてひょうご》に結って打掛けを着ています。そして、西条先生や堀口先生のお相手（相方《あいかた》といいます）のおいらんがお隣りに座ります。先生方は、またあたしたちと一緒に新橋に帰ってこられるのですけれど、やはり独得のこの古風な感じがよくて「角海老」に上がられるわけです。もちろん、そこにいるおいらんに目的がおありになるわけではないので、あたしたちもぞろぞろご一緒についていきます。

ただひとつ面白いことは、おいらんたちはちゃんと厚い大きな座布団を敷きますが、芸者はいくら一流の芸者が行っても座布団は敷きません。これはたとえ一晩でもお客様の奥様の役目を果たすからだという意味だそうです。

先夜も（昭和五十八年五月）テレビを見ていましたら、芸者が座布団に座ったのでびっくりしました。また、芸者がマニキュアをしていたり、三味線を弾いてる手に指輪をしていたり、腕時計をしていたり…これも困ります。

その頃は疲弊した東北の農村から吉原へ身売りをして来た若い娘が多く、お人形のような美しいおいらんがすごい東北弁でびっくりすることがしばしばありました。今のようにテレビが普及して全国標準語でしゃべることのできる時代とちがい、まったくのずうずう弁で、大辻司郎さんがよくまねをして笑わせましたが、美人であればあるほどひどいずうずう弁だと困りました。

おいらんは一人一人が自分の部屋を持っていまして桐の簞笥《たんす》が三棹並んでいたり、桑の茶簞笥、長火鉢それに姿見などがあって、とても居心地のいいお部屋でした。あたしが見せていただいたのは、西条先生や堀口先生のごひいきの早苗さんという人のお部屋でした。

おいらんにしたら、ただ面白く遊んでおいしいものをいただいてご祝儀をたくさんくださり、短時間で引きあげてくださるお客様なんてあまり多くないと思います。だから、おいらんたちは大喜びのようでした。

一度「早苗さん」とか「薄雲《うすぐも》さん」とか「深雪《みゆき》さん」というように名差しをするとそのお客様はその人の受持ちになりまして次から他のおいらんを呼ぶことは廓のルールに反します。だから、あたしも何度も行くうちに、おいらんたちとお友達になり、手紙をいただいたり写真を上げたりするようになりました。

また「角海老」の広間のさんざめきに返りましょう。そこで唄ったり踊ったりしてくれる地元の芸者衆にご祝儀をあげてあたしたちはまた新橋に帰ってきます。帰り路に大門のそばに「見返《みかえ》り柳」という柳が植えてあります。お客様が女の人と別れて帰るとき思わず後ろを振り返る。それで見返り柳というのです。ときには女の人が店の外に出て、出口近くまで見送って手を振って別れを惜しむこともあったでしょうから、吉原をいよいよ出るときにはきっと誰でも振り返ったことと思います。

衣紋《えもん》坂という坂もあります。別に急な坂ではありません。ゆるいスロープにすぎません。昔は皆、駕籠で隅田川べりの土手を吉原に来ますから駕籠から下りて衣紋を直すわけです。衣紋というのは、着物の衿の交差したところをいいます。今でも着物のハンガーのことを衣紋竹とか衣紋掛けとかいっていますでしょう。

今の若い方がタクシーから下りてネクタイを直すような感じだと思います。

とにかく世間の方の考えている「吉原《くるわ》」とはぜんぜんちがう遊び方でした。

その頃、お酉《とり》さまの夜は誰でも、男も女も子供も大門の中に入ることを許していました。

今でもお酉さまはあります。「鷲《おおとり》神社」にお参りのあと商売繁盛の大きな熊手を買って、それをかついで吉原に入ってくる人、これから「鷲神社」にお参りに行く人などで吉原の中はごった返します。

熊手におかめさんのお面がついていますので、お鼻の低い、今でいう太目の女性のことを「三の酉の売れ残り」といいました。

一カ月に酉の日は十二日目ごとにめぐってきますから、その年によって三回も酉の市が開かれる年もあります。「一の酉」「二の酉」「三の酉」といいまして、やはりおかめさんのお面でも、顔のよい順に売れるらしく、「三の酉の売れ残り」というのは、まったくのブスということです。

西条八十先生も本当にすっきりとしたハンサムな方でした。渋い紺のスーツにネービーブルーにごく小さい朱の水玉のネクタイが粋でした。この方と藍微《あいみ》塵《じん》の着流しの堀口先生とご一緒だったりするとご一緒に歩くだけでも嬉しゅうございました。

それに柳沢健様（のちにポルトガルの公使になられましたが、詩人としてのほうが有名です）、そして、その当時外務省の儀典課長をしておられてフランス人が感心するようなフランス語を話される鈴木九萬様、こうした方々は皆様フランス的な感覚でものを見ていらしったように思います。

それから、人に仇名をつけたり、敵ながら実にあっぱれと言いたい、うまい毒舌ということになると東郷青児先生がいちばんだと思います。あたしは東郷先生にも奥様にも本当に可愛がっていただきました。

よく久我山の芝生にかこまれた白いお宅に遊びにうかがいました。細い、やさしい、きれいなきれいな奥様で、しまいには西銀座のあたしのうちにもお遊びにいらしってくださいました。海軍中将のお嬢様できっとご立派なもの固いお育ちの方でしたでしょうから、芸者屋町の雰囲気がとてもお好きだったように思います。見るもの聞くものが珍しくお感じになったのだと思います。

あたしの祖母はこの奥様をたいそう尊敬しておりまして
「美人でお品がよくてやさしいということになれば誰が何と言ったって東郷さんの奥様の右に出る人は東京中にいませんよ」といつも言っておりました。

東郷先生のその悪口のお上手さにはまったく
「にくらしい！」

って悲鳴をあげたくなるくらいですけれど、あとで吹き出しちゃうのです。

一時、ビロードのコートが流行したことがありました。あたしが初めて仕立てておろしのグリーンのビロードのコートを着て得意で銀座に出ますと、バッタリ尾張町の角で東郷先生にお目にかかりました。

「さっきから黒板拭きみたいなの着てる奴、誰かと思ったら喜春ちゃんだったのかい」

と、こうです。

また、あるとき大阪にお発ちになるお客様をお見送りに東京駅に参りました。その頃は新幹線どころか飛行機もありません。「つばめ」という特別急行が東京、大阪間を走っていまして、大阪行は朝の九時発でした。

そのとき、あたしはしろとの若奥様気取りで銀狐の衿巻をしておりました。この銀狐はあたしの恋人がバンクーバーから買ってきてくれたばかりのもので、あたしとしてはいろいろの意味で大切なものでもあったわけでした。

東郷先生もやはり他の方をお見送りにいらしってホームの真ん中で

「おう、喜春ちゃん、どうしたい？」

というわけです。そして、あたしをニコニコしてご覧になって

「朝から弟さんのお守りも大変だね」

あたしにはちょっとわかりませんでした。帰り路に東京駅の大鏡の前を通ったとき銀狐の顔がちょうどあたしの肩のところにありまして、まったくあたしの弟さんみたい。本当に弟さんをおんぶしてるみたいです。

「くやしい！」

とは言いながら相変わらず「うまいなァ」と思いました。

またあるとき、あたしの友達の繁乃ちゃんが新しいヘアー・スタイルで大得意でお座敷に入ってきました。ポンパドールというのでしょうか、前を高くして両側もちょっとねじって高くして、すごく得意でした。東郷先生は、

「ワァー、スペインの弁天さんが入ってきたかと思った」ですって…。

それからしばらくは皆が繁乃ちゃんのことを「スペインの弁天さん」と呼びました。

今度日本に帰ったら久しぶりで先生の毒舌をうかがいたいと楽しみにしていましたのに、亡くなってしまうなんて…。

ほんとうに先生ひどいわ！

水揚げ

「喜春ちゃん、女将さんがちょっと折入ってお話があるそうよ」
「とんぼ」の女中頭のお勝姉さんが、お約束がすんで箱屋の半ちゃんが着替えをしてくれているときにそう言いにこられました。
「今、あたし後口《あとくち》にまわるところですけど」と云いましたら
「どこへ行くの?」と聞かれました。
「今から〝新喜楽〟さんに行くんです」と答えますと
「じゃ、お隣りだからちょうどいいわ。おそくなってもいいから、ぜひよってくださいよ。女将さんが待っていらっしゃるから」とのことでした。
あと二座敷くらいすませてから、また、「とんぼ」さんに帰ってきましたら、もう一座敷、あたしの知ってるお客様が来ていらして、ちょうどよくそのお座敷に入りました。

そして、一時間くらいしてお勝姉さんが呼びにきてくださいました。

女将さんのお部屋に入って行くと、お香がたいてあって、とてもよいにおいがしました。

女将さんは

「今日はね、あんたの将来のことを考えて話すんだから、そのつもりで聞いてちょうだいよ」

とおっしゃる。

芸者というものは一人前になってからでもいちばん最初に女にしてもらった方が、とても大切なのだ、ということ。

有名な芸者になるには大臣とか、大実業家とか、そういう方に一人前にしていただく、そして、ご縁があればその方に後援者になっていただき、将来まで面倒を見ていただけるし、そうでなくても「あたしが初めて水揚《みずあ》げをしていただいたのは××大臣だったのよ」ということだけでゆくさき芸者としての箔《はく》がつくこと。

つまらない人とそうなっても何にもならない。それよりは、名のある方に一人前にしていただくことがどんなに大切かということを諄々《じゅんじゅん》と話してくれました。

「あんたは他の妓とちがって、借金があるわけじゃなし、抱え主の顔を立ててどうのこうのということはないけれど、ただ将来よい芸者になるためには、よい方からよいお話のあったときに、一人前にしていただくのがいちばん幸せなことなの」

お話を聞いてるあいだにいつも耳にしている「水揚げ」という言葉が、いよいよ自分の身近になってきたことを思い知りました。

女将さんは鉄道大臣の三土忠造《みつちちゅうぞう》様がたいそうあたしのことをほめてくださっていること、また、できたらあたしを一人前にしてくださりたいことなどを話して

「喜春ちゃんは、まだ旦那もないし、そういうこともまるっきり考えてないみたいだと本家の姐さんも、そう言っていたからね。どうにかして水揚げだけは日本でこれという名のある方にしていただきたいとあたしも思っていたのよ」とのことでした。

今とはちがってその頃は、大臣というのはとても偉い、日本でのトップクラスの方だと皆信じていました。

「末は博士か大臣か」と俗っぽい唄にもうたわれていたように、その頃の博士や大臣は、今のように誰でもなれるというものではなかったのです。あたしはいろいろの宴会に出ていますけれど、どうしてもその鉄道大臣ってどんな顔の方か思い出せません。その頃は四十代の大臣なんて考えられませんでしたし、政友会にしても民政党にしてもお歳のいった政治家ばかりでしたから、お爺ちゃんばかりという感じで、印象に残

るような大臣のお顔って、あんまりなかったのです。

「あたしの言ったことがわかったわね」

と女将さんに念を押されて、その晩は
「はい」

と言ってわかったような顔をして女将さんのお部屋を出てきましたけれど、正直なところ、どうして有名な芸者になるのには大臣級の方に一人前にしていただくのが大切なのか、どうにも合点《がてん》がいきませんでした。

次の晩のことです。

「とんぼ」さんの広間で大勢さまの宴会がありました。お床の間に座っておられる方の前に次々と皆さんがうやうやしく進み出ては
「大臣、お流れをちょうだいいたします」なんて、やっています。

そのとき、初めてその方が三土忠造鉄道大臣だということがわかりました。

サァ、そうなると、もう無関心ではいられません。そばに行ってジロジロ見る気になります。向こう様は
「喜春か。サァ、こっちへおいで」なんてやさしくご自分の隣りへ座らせてくださいました。だけどあたしには

「とォーンでもない」

　という感じです。偉い方なのでしょうけれど、あたしのお祖父さんくらいのお歳なのです。その上に、何ともグロテスクなお顔で、しかも老斑というのでしょうか、暗紫色の斑点《しみ》がおでこやほっぺたにいっぱい出ていて、ただただ
「ジョーダンジャナイワ」

　という気持ちになりました。

　大臣はむやみにやさしくて
「呑めないんだろう。よしよし、呑まなくてもいいよ。おれがかわりに呑んでやろう」

　なんて言ってくださって、何かとかばってくださる感じなのですけれど、あたしはすっかり落ちこんだ気持ちになってしまいました。いくら偉い大臣だって、こんな醜いお爺さんにあたしの身体をあげるなんて…ジョーダンジャナイ。お爺さんはお爺さんでも、もっとこぎれいなお爺さんがあるのに…どう考えてもいやだ。

　いやだ！　いやだ！　いやだ！　なんて考えて一人いらいらしていました。

　そのうちに宴会なかばで大臣がスーッと立ってゆかれ、そのまま消えてしまいました。あとは鉄道省の方や皆さんが、かえって盛り上がって楽しそうにやっておられ、

大臣が消えられたのは別にどうということもないようでした。

そのうちに女中頭のお勝姉さんが
「喜春ちゃん、ちょっと…」

とあたしを呼びました。そして、あたしをうながして先に立っていきます。

毎晩のように、この「とんぼ」さんには宴会でうかがっていますから、このおうちのあらゆるお部屋を知っているつもりのあたしなのに、今夜お勝姉さんが連れていってくださるのはあたしが見たこともない裏の廊下を通って裏ばしごを上がっていったところです。「へエー、こんな裏に階段があったのかしら」と思っているうちに階段を上がった突き当たりにきれいな小座敷があるのです。

「はい、ここですよ」

お勝姉さんがふすまを開けると、このおうちには珍しい六畳くらいの小間《こま》です。あたしはこのおうちは宴会用の大広間ばかりと思っていました。だから、あまり思いがけないところに思いがけない小間があったので、びっくりしました。

ふすまを開けると、正面の置き床に茶掛けがかけてあり、小さな籠に白い椿の投げ入れが静かに置いてあります。昨夜《ゆうべ》、女将さんのお部屋でにおっていたのと同じお香がたきこめてあり、どてら姿の先ほど消えた大臣が小さなおテーブルの前に座っておられました。

あたしをその部屋に押しこむように入れると
「じゃあね、ごゆっくり」

と言ってお勝姉さんはふすまをしめて行ってしまいました。

あたしはたいていの初対面のお客様でも人なつこく話しかけるほうですが、今夜ばかりは舌がこわばって何も言えません。

「お前さんは呑めないんだね」

とおっしゃって大臣は手酌《てじゃく》で召し上がっていますけれど、あたしは何だか身体が震えて無性に腹が立ってたまりません。

よい芸者になるのには偉い方に一人前にしていただくのが何よりの幸せよ…と言った女将さんの声が耳について離れません。

「ヨーシ、ひとつこの人にわかるように話してやろう」

サァ十五分くらいだったでしょうか、黙って座っているうちに頭の中がシーンと静まり返ってたいそう冷静になってきました。

大臣は立ち上がって次の間のふすまを開けました。うす暗いぼんぼりがついていて、赤い地に立涌《たてわく》の掛布団が見えました。

「サァ、こっちへおいで」

大臣が床《とこ》の上に座られたのを見て
「あたしお話があります」と言いました。何だか唇が震えて、うまく言葉が出ません。

「何だ！　何か話したいことがあるのか？」

とおっしゃる大臣様の正面にあたしは手をつきました。

「あたしもう子供じゃありませんから、今夜どんなことが起こるかわかっているんです」

あたしは一生懸命で言いました。

「ちっとも心配することはないんだよ。安心して、サァ、着物をぬぎなさい」

ゆうゆうとどてらをぬぎかけるその方に
「待ってください。今夜あたしにそんなことをなさったら、あたし、一生あなたを恨むと思います。だって、あたしはあなたがどんな方だかちっとも知らないんですもの」あたしは涙がポロポロ出てきました。

「困ったネンネエだね。見合い結婚ということもあるのだよ。ぜんぜん知らない男と女とがこういうことがきっかけでうまく一生そいとげることもあろうじゃないか」

相手もなかなかさる者です。あくまでやさしく手を取っておっしゃるその方の、今

度は手を振り切ったりはせず
「あたし、もっともっとおつきあいをして、あなたがよい方だとわかり、納得がいったらあたしのほうからお願いして女にしていただきます。だけど今はこんなにいやなのに…いやなのに…」
言ってるうちに情なくて泣きながら
「あたしが一生恨んだら、あなたもいやでしょう。あたしは他の芸者衆とちがった考え方をしています。大臣に水揚げをしていただいて光栄だなんて思うもんですか。一生恨みます。そして、一生その恨みを忘れないと思います」
しゃくり上げながら言うあたしに大臣は
「そんなに、いやか?」とおっしゃるから
「あたし本当にいやです。こんなことであたしの一生に忘れられないいやな記憶の相手に、あなたがなるなんて、あなたもいやでしょう。女の子が一生恨んでいるなんて考えたら、あなたもいやでしょう?」あたしは一生懸命でした。
その方はじっとあたしの顔を見つめて聞いていてくださいましたが、ぬぎかけたどてらをまた着なおして
「ヤァ、まいった、まいった。本当だね。こんなことで君に一生恨まれるなんておれ

も本意でないよ。不肖三土忠造、女の子の水揚げの土壇場で説教されたのは生まれて初めてだ。あやまる、あやまる。許しておくれ」

あたしは斑点《しみ》だらけの大臣様の額を見ながら、また急にやさしくなられたお目々を見ながら
「アァ、この方もよい方なのだなァ」と思いました。こちらの出方ひとつで相手の方を善人にも悪人にもできるのだなァと思いました。

「サァわかったらもう泣くな。今すぐ出ていくと女将やお勝がおかしく思うから何か話をしなさい」

何だか、さっきまでゾッとするくらいいやだった方がホッとする気持ちとともに、あまり悪い方ではないと思えてきて、嬉しくなりました。そして、あたしは涙をふいて思いつくままにさまざまなことを話しはじめました。

自分の生い立ちや英語のお勉強がしたくて毎朝学校に行ってることや、宿題がたくさん出るけれど、夜お座敷で外人のお客様にやっていただくので成績がクラスでいちばんだということや、お昼のお座敷がかかると箱屋さんが学校に電話かけてきて困ることや、そのたびに急病人をこしらえたり、親類を殺しちゃったりというような話を、いろいろとしてあげました。

大臣はけっこう楽しそうに聞いてくださいました。そして、今、あたしは英文のタイプライターが買いたくて貯金をしていること、この三学期がすぎたら、ミス・メアリー柳川というイギリス生まれの日本人の先生に英文タイプを教えていただくことになっていることなどお話しました。大臣は「うん、そうかそうか」と聞いていてくださいましたが、やがて

「明日、学校が早いんだろう？　もうお帰り。だけど帳場でお勝が何を聞いても何も言わないでおいで。おれがうまく話しておくから」

と紙入れから百円札（今の二十万円くらい）を一枚出して

「サァ、これはタイプライターを買う貯金の中に入れなさい」

と言ってあたしの衿元に押しこんでくださいました。あたしは、やっぱりお話をしてよかったなァと思いました。

階下に降りると、お勝姉さんが飛んできて

「どう？　大臣はご満足だった？」

と聞きました。あたしはちがった意味で、とても大臣はご満足だったようだし、また「お勝には何も言わないで帰りなさい」とおっしゃったのを覚えていましたから

「ええ」とだけ言って俥屋さんを呼んで家に帰りました。

その夜はとうとう眠れませんでした。あたしの今度のことにこりてあの大臣は再び女の子に恨まれるようなことはきっとなさらないだろうと思いましたし、ご自身も一生女の子に恨まれるなんていやだと、肝に銘じてお思いになったにちがいないと少しばかりよいことをしたように思いました。

次の日、本家の姐さんやあたしの祖母が商品券を持って「とんぼ」の女将とお勝姉さんのところにお詫びにいきました。

そのあとで宴会で大臣にお目にかかると

「サァ、こっちへおいで」

と必ず隣りの席に座らせてくださいます。そして

「この子には、ハッキリと振られましてなァ」

なんて皆さんにおっしゃるのですけれど、こだわりのないよい感じで、どんな大姐さんの前でも必ず隣りに座らせてくださいました。

あのとき、あたしが意思が弱くて、泣き泣き言うことを聞いていたら自分もどんなに汚らしい女になっていたか…それを考えると、やはりあたしは運がよかった。大臣が本当におおらかな暖かい方だったこともおおいにプラスになっていたと、五十年たっても、ありがたいよい思い出として残っております。

あたしの生い立ち

あたしの生い立ちを少し書きます。

あたしの祖父は朝鮮の仁川病院の院長をしておりました。あたしの父も引きつづき仁川に渡り、その後、朝鮮の若い人たちを日本に連れて帰り、世話をしておりました。

その当時の日本の植民政策は相当きつかったと思いますが、祖父も父も当時の日本人が考えているような朝鮮人に対する偏見は持っていないようでした。あたしがまだお誕生日をやっとすぎた頃から、チョンという朝鮮の青年が家に書生として住みこんでいました。

父も母もひとり娘のあたしをどの女中にも看護婦にも安心してあずけたり、子守りをさせたりはできなかったのに、このチョンという青年には安心して一日中でもあずけていることができたとよく話が出ました。

あたしはそのチョンがちょっとでも姿が見えないとワァワァ泣いて、どこへ行くの

にもあとを追いかけていました。そして、どうしたわけか片言でその書生を呼ぶときに「チョンチャマ」と呼んだそうで
「家中でサマづけにされるのは、あんただけだ」と皆が羨ましがったといいます。

チョンチャマは、子守りでもあり、家庭教師でもあり、あたしにはいちばん大切な人でした。うっすりと顔を覚えていますが、色の白い目の細い人でした。

チョンチャマは、やがて家の見習い看護婦だった、日本人のお嫁さんをもらって、仁川に帰っていきました。あたしが幼稚園に入った年だったと思います。

チョンチャマがいないとまたあたしが泣いて大騒ぎをするというので、あたしが幼稚園に行っているあいだに逃げるようにして出ていったとのことです。サァ、今頃どうしているでしょう。

あたしはおむつもとれない頃から、とにかく人が好きだったようです。うちに大工さんや左官屋さんが入ると煙草盆やマッチをヨチヨチと持っていったり、サーヴィスにこれつとめるので、祖父が
「この子は芸者に生まれたような子だ」

と言ったそうです。

また病院の正門の横に内玄関がありました。台所口につづく横丁の左側は、黒い板

塀になっていました。その塀に節穴がたくさんあって、その塀の向こうは踊りのお師匠さんのところです。別に大したお名取りさんというわけでもなかったようですが、西川流の男のお師匠さんで、近所の人が習いに行っていた、いわゆる街のお師匠さんでした。

あたしが立ってのぞくのに高さがちょうどよい節穴があります。三歳半くらいからあたしは毎日その節穴越しに、その隣りの踊りのお稽古を見ていました。今考えると町内の若い衆が手拭いを持って「深川」を踊っていたと思います。あたしはすぐに台所のお布巾をとって同じように踊りました。

とうとう毎日の節穴のぞきでは満足できず、祖母にせがんでお隣りのお師匠さんのところにお弟子入りさせていただきに行きました。

ところが、お師匠さんは三つ半では困るとおっしゃるのです。だいたい六歳の六月六日が稽古始めにいいといわれているので

「三歳半ではちょっと困る。あたしんとこは赤ちゃんのお守りはできない」

みたいなことをおっしゃったのであたしはすごくくやしくてそこでひっくり返って泣いて、無理矢理お弟子にしていただきました。お師匠さんは、よく他のお弟子さんたちに

「押しかけ女房ってのは聞いたことがあるけれど、押しかけお弟子というのは、この子が初めてだ」とおっしゃったそうです。

あたしの祖母は医者の娘で祖父は養子です。

あたしの母もひとり娘で父も養子です。

祖母はごく当たり前の明治初年の女の教育、読み書きそろばん、お裁縫、お花、お茶、それに長唄くらいの習いごとをした平凡な人妻でしたが、あたしの母はその頃の有名な女子教育者の下田歌子女史の実践女学校、そして専門学部なんてのを出ています。今の女子大卒よりもう少し程度が高かったと思われます。

たいそう新しがりやで、平塚らいてうさんに心酔しており、あたしの父のお友達であった宮下左右輔博士（この方は眼科で、あたしの父は外科でした）の奥様のあきさんが藤原義江さんのところに走られたり、柳原白蓮《びゃくれん》さんが九州の銅御殿《あかがねごてん》を飛び出して宮崎龍介さんという若い男性のふところに飛びこんだりされたときなど、たいそう感激して、その話になるとふだんまるっきり感情を表わさないような無表情な人が、若い女のように興奮していたのを覚えています。

その当時から原書でシェイクスピアなどをよく読んでいまして、いわゆるインテリ女性であったようです。

あたしは、この母が大嫌いでした。

むしろ、祖母の性格のほうが好きでした。学校教育なんてぜんぜん受けていないけれど、人間的におおらかで、祖父の二号さんまで大切にしてお盆や暮には自分のほうから夏物やお正月着を持って「主人がお世話になります」とお礼に行くような包容力のある人柄、それにたいした世話好きで人のめんどうをよく見ました。そうした祖母の性格が大好きでした。あたしもいつのまにかこんな祖母の影響をすごく受けていると思います。

それでなくとも患者さんは芸者衆、待合の女将さん、お茶屋の女中さん、箱屋さん、俥屋さんなどが多い環境です。そして、あたしの花柳界に対する憧れは、特に、祖父のお馴染みの芸者衆（きっと祖父とわけのあった人と思いますが）を知ってから、なお強くなり、どうしても芸者になりたいとまだ小さいときから、言いつづけるようになりました。

何しろ、うちのお風呂場が壊れると、とても嬉しかった。なぜならば銭湯に行きますと、芸者衆がお白粉をつけてくれるのです。そして、入れかわり立ちかわり抱っこして湯船の中に入れてくれるのですが、素晴しいにおいがして、どうしてうちに風呂場があるのかとうらめしく思ったものでした。

そして、母が気狂いになるくらい反対しましたのに、祖父に「同じなるなら、しょんべん芸者にはなるな。名妓になれ」と言われて、祖父のお馴染みの芸者衆の家から、とうとう念願かない、娘分として、芸者に出ることができたわけです。

英語学校に通って二年半ぐらいたったある朝のことです。いつものようにあたしは学校に行くために家を出ました。トコトコ歩いていくと、「花増家」さんの前で道普請《ぶしん》をしています。

大勢の人がコンクリートを掘り壊して、つるはしを持っている人もあり、東京市のマークのついたトラックのところで、図面を見てる人もあります。「花増家」さんの入口のギリギリのところを歩かないと通りぬけられません。

いつものように「花増家」のお父さんは盆栽いじりをしていますが、あたしはまわり道をして、御幸《みゆき》通りなんかにまわる時間はもうありません。

仕方がないから心を決してスタスタ「花増家」さんの前を歩きだしました。案の定、お父さんがこちらをふり向きました。もう逃げることはできません。

人間っておかしいもので、本能的にピョコリとおじぎをして

「お父さん、おはよございます」

と言っちゃった。
じいっと見つめたお父さんは
「ヤァヤァヤァ喜春ちゃんだったんだ！　どうもこないだからどっかで見たような女学生だと思っていたんだよ」
嬉しそうにニコニコして言いました。
あたしは最近、外人さんのお客様が多く、どうしても英語の勉強がしたくて、毎朝、学校に行っていることや朝、問屋でおろして夜、小売りするように勉強が進み、先生にいつもほめられていることなどを手短かに話しました。
お父さんは
「へえー、そいつァ豪気《ごうぎ》だ」とか
「たいしたもんだなァ」とか
「まったく立志伝中の人物だよなァ」とか、たいそう感激して聞いてくださいました。
この分では、きっと二、三日中に組合中のおもだった人たちがあたしの女学生兼芸者の話を知ってしまうでしょう。
次の週の月曜日のことです。
学校に行きますと、何だか雰囲気が違います。学生たち（主に男ばかりですが）が立ってジロジロ見ては、中には知らない人なのにニッコリ笑いかけたりします。廊下に立って教室をのぞいたり、どうも感じがおかしいのです。

やがてあたしがトイレに行こうとすると、皆、両側にズラリと並んで、見ています。そして、一人の学生が「ネエ、サインしてくれよ」

とノートとペンを出しました。

まだあたしにはわかりません。同級の久保田君が走ってきました。そして、あたしのことがすごく大きく新聞に出ているというのです。

やがて、他の男の子が新聞を見せてくれました。新聞は「東京日日新聞」で、お座敷着で裾を引き、お扇子を半開きにして立っているあたしの写真です。

その頃、尾張町の角から三原橋のほうに向かって行く右側に「上方屋《かみがたや》」という絵葉書屋さんがありました。そこには新橋の芸者のブロマイドが映画のスターの中に混じって飾ってありました。

川崎弘子さん、田中絹代さん、逢初《あいぞめ》夢子さん、水久保《みずくぼ》澄子さん、及川道子さん、原節子さんなどのがトップに飾ってあり、その下の段に新橋の芸者のブロマイドが売られていました。たしか一枚十銭だったと思います。支那事変のときには慰問袋用にとても売れたようでした。

新聞に出ているのもその中の一枚です。そして、すごく大きく出ています。

「昼は女学生、夜は芸者」

なんて見出しで、サァ八段抜きというのかしら、いろいろと書いてあります。

その日は授業中でも教室の窓から学生がのぞきに来るし、本当に恥かしくて困りました。

あとで聞きましたが、「花増家」のお父さんの親類の方が「日日新聞」におられて、その方にお父さんがすごいご自慢で話されたのだそうです。お座敷でもお客様が
「すごいネェ、学校とお座敷と両天秤かい」

なんて冷やかされました。五十年も前からマスコミというのはこんなに力を持っていたのです。

その頃、昭和十一年にドイツからアーノルト・ファンク博士という映画の監督さんが来られました。

宴会でお目にかかりましたが、強いドイツ訛りの英語で話す方でした。

小笠原さんとおっしゃる方がよくごひいきになっていました。この方が今考えるとプロデューサーみたいな方じゃなかったのかしら？

「喜春ちゃん。すごくいいアイディアがあるんだ。日本髪で人力車で通る芸者を外人

が止める。そして、その芸者が下りてペラペラと英語をしゃべる。そんなのとてもいいと思うよ。出てみないか？」

とおっしゃいました。映画の批評を書いたりなさる林文三郎さん（ブンチャン）もそこにおられて、

「面白いから、ぜひ出なさいよ」

とおっしゃいます。あたしも面白いだろうなァと思いました。だけど組合の許可を受けないといけないだろうとのことで、小笠原さんたちが組合長（川村徳太郎さん）に話しました。この方は大きな芸者屋さんのお父さんで、なかなか行動派の方です。新橋をここまで盛り上げた功労者ということです。

やがてあたしは見番に呼びつけられました。

「活動役者になるのなら芸者は止めてもらうから。もしも芸者をつづける気ならぜったい活動写真に出ることは許さない」

ということになり、あたしはやはり活動役者より芸者をつづけたいということでこの話はお断わりしました。のちに小杉勇さんと原節子さんの主演されたファンク博士の映画（「新しき土」）を見たとき、どんな場面にあたしの出るところをお入れになるつもりだったのかしらと、たいそう興味を覚えました。

戦後、元映画女優さんが新橋で芸者に出たことがあります。堂々と映画女優時代の名前を宣伝に使っておられ、新聞や雑誌にも盛んに出てかえってそれが売り出すきっかけになっているのを見て、時勢は変わったなァと思ったものでした。

ゲイシャ・キハル

あたしがお座敷に出はじめた頃のことです。「山口」「新喜楽」「蜂竜」などの主に外務省のご宴会で、ドキドキするような素晴しい方にお逢いしました。

あまりお背の高い方ではないけれど、実にキリッとした美男子で、その上、英語も日本語も実に歯切れがいい。その頃まだピヨピヨヒヨコみたいなあたしなんか四回くらいお目にかかっているのに、いつも遠くからはるかに憧れの目でジッと見ているだけでした。何しろ、大姐さんたちにかこまれて、とてもあたしなんかには言葉もかけていただけない。まぶしいような方でした。

その方は、その当時の駐米大使の斉藤博様でした。あたしはズッと末席の若い外交官補の方たちとお話しながら、チラチラとその憧れの君を遠くから見てドキドキしていました。

あたしは土屋の隼《じゅん》ちゃんに話かけます。

この方はのちにニューヨークの総領事になられ、あとギリシャの大使になられた方で先年亡くなられました。

この隼ちゃんは何でも打ち明けてお話のできるお友達みたいな方なので
「ネェ、素的な方ね。あたしなんかテンデそばにも行けないけど…あんな方好きだわ」

と言ったら、

「斉藤大使といって、アメリカのジャーナリストにも実業家仲間にも、あらゆる国の外交関係の人たちにもすごく人気のある大使なんだよ」

と教えてくださいました。そして、その憧れの君の前まで連れて行ってくださり
「この妓《こ》は喜春といって今一生懸命英語を勉強してる子です」

と紹介してくださいました。あたし一人で赤くなったり、ドキドキしたり、ひとり相撲をとっていたみたいでしたが、斉藤大使は
「アァ、そうかい」

くらいのことで他のお姐さんたちと話しておられました。他のお姐さんたちは、こんなチンピラに斉藤大使の注意をひかせてたまるものかみたいな感じでした。

この斉藤大使は、あたしがお目にかかった直後にアメリカにお帰りになり、昭和十

四年にワシントンで客死されました。

ところが、アメリカ政府はアストリア号という軍艦で、大使の遺骨を運んで来たのです。その頃、日本とアメリカとの仲が日増しに悪くなっていたのに、こんな大きな軍艦で遺骨を運んで来るなんて、それだけで、どんなにアメリカの人たちに惜しまれて亡くなられたかわかります。

その軍艦が出発するとき、アメリカの海軍の軍楽隊が葬送の曲を奏でました。あたしはラジオで聞きながら涙をポロポロこぼしました。四回もお目にかかっていながら一言も口をきいていただけなかった、せめてあのとき…。えらいお姐さんたちばかりにかこまれていらしって…。

「あたし、喜春と申します。本当に素晴しい方だと御尊敬申しあげて憧れているんです」

って自分で一言言いたかった！

のちにこの斉藤大使はお芝居になりました。新国劇で「アストリア号」という題だったかしら？　舞台では島田正吾さんが斉藤大使になられました。もちろん、島田さんもお座敷でお逢いしてよく存じ上げております。岩田専太郎先生、志村立美先生などとご一緒にジェスチュア・ゲームをしたりして、ほんとうに美男子でしたけれど、あたしに言わせるとちょっとタイプがちがうように思えました。

現代でしたら、むしろ田村高廣さんにでもやっていただいたら、あのちょっと神経質で、それでいてウィスキーを浴びるほど召しあがってアメリカ人のあらゆるクラスの人と肩をたたき合い、気の利いたジョークを飛ばし、それでもやさしい笑顔をなさった、あの感じが出たのではないでしょうか？

その頃、お座敷でよくプリンストン会とかケンブリッジ会とかいう会がありました。三共製薬の塩原禎三さんや松坂屋の伊藤鈴三郎さん、慶応の米山桂三先生、古河電工の古河純ちゃん、それからずっとお若かったけれど近衛首相のご長男の文隆さんなどが出席されました。それぞれアメリカや英国の大学の同窓会なのです。日本駐在の英国またはアメリカ大使館の方や新聞記者、ビジネスマンなど、外人さんも半分くらいまざって、いつも校歌から始まりました。

それこそ西洋に行くこと自体が珍しかった時代です。その当時のこうした若い御曹子たちも外国生活がなつかしいようで、どなたも本当に学生に返ってワァワァ騒いで、とても楽しそうでした。

あたしたち若い芸者も羽をのばして一緒にゲームをしたり、ダンスをしたりしました。

その当時は、今のようにゴーゴーなんて考えてもみない頃ですから、ダンスといえばいたってオーソドックスなワルツやフォックス・トロット、タンゴなどで、大きなお茶屋さんには必ずダンスホールがありまして、電蓄の素晴しいのを置いて、アメリカのジャズやフランスのシャンソンなどをかけて踊りました。

目賀田男爵なんて有名なダンスの名人もおられ、また大阪の岸本商店の岸本吉左衛門様もすごくダンスがお上手でした。あたしは軽くて踊りいいと、いつも皆様にほめられました。

その頃、日本でモーターボートを持ってる方なんかぜんぜんなかったと思います。ただ一人モーターボートのはしりは道明新兵衛さんです。

下谷に今でもありますが、元禄時代からお侍の刀の下げ緒の組紐を造ったり、京都の御所のお出入りはもちろん、お公卿様の冠の紐を造っていたという由緒ある組紐屋の若旦那です。今も普通の帯締め一本でも一万円以下はないというくらいの無形文化財のお店で、格調の高い老舗ぶりを誇っておられます。

この道明ちゃんともう一人、新橋芝口のお砂糖問屋の若旦那、堤徳三さん、このお二人がモーターボートの草分けではないでしょうか？　堤さんの奥様は大正の末期の童謡で売り出しておられた本居みどりさん、喜美子さんご姉妹のお一人と聞いております。

このお二人がよく新橋にいらっしゃると、あたしたち若い芸者がお相手です。と言っても、ゲームをしたりご一緒に映画のお話をしたり、本当に楽しいお客様でした。

「モーターボートに乗っけてやろうか？」

とおっしゃられても若い芸者たちは
「アァ、あの井の頭公園で乗るみたいのでしょう」

というくらいで誠に頼りない。

「ちがう、ちがう、モーターで水の上をババババ…て走るんだよ。すごく気持ちいいぜ」

全員、手漕ぎの櫓をギイギイいわせて隅田川から品川のお台場に出たことはありますが、水の上をモーターでババババ…て走ると言われても見当がつきません。

「いやァよ、そんなの怖い、ひっくり返ったらあたし泳げないんですもの」

なんて皆、二の足を踏むわけ。そんなとき
「連れてって、連れてって」

とわめくのはあたし一人です。泳ぎだってマァマァ、うまくはないけど金槌ではないし…水の上をババババ…なんてどんなに気持ちがいいかしら。

「ヨオシ、今度の日曜だ」

なんてお約束して、その日はセーターにスカートで出かけます。それこそ気持ちよくバババババ…と走るモーターボートは怖いどころか素晴しく楽しいことでした。

そのあと、横浜で支那料理を食べて、送っていただいて帰って来ます。横浜の伊勢佐木町では「博雅《はくが》」という家によく行きました。

あたしは横浜は大好きでした。ちょっとばかりバタ臭くて、山下公園の「ニューグランド・ホテル」の前でキラキラ沈むオレンジ色の夕陽を受けて真っ白な外国のお船が入って来るのを見てるとき、アァ横浜っていいなァと思ったものでした。

あたしは横浜によく連れていっていただくチャンスがありました。

小栄竜ちゃんとあたしとがとてもごひいきになってる丹波秀伯《しゅうはく》さんとおっしゃる方が、よく木挽町の「河内屋」さんにいらっしゃいました。「朝日新聞」の横浜支局長でいらしった。だから、よく日曜には横浜に行きました。

横浜支局に行くと渋い感じの男性がよくいらしった。細川隆元さんです。それに若い記者の方で藤井さんて方がいらしった。この方がのちに新日鉄の副社長の藤井丙午《へいご》さんです。

丹波のパパ（小栄竜ちゃんもあたしもパパとよんでいました）は、よく本牧《ほんもく》のチャブ屋に連れて行ってくださいました。

　チャブ屋というのは外国人専門のお女郎屋さんのことです。しゃれた白塗りのドアを入ると、らせん階段があったり、スペイン風の白い壁にロードアイアンの鳥籠がかかっていたりします。大きなホールの両側にソファーがありましてとてもきれいな外国の女の人や日本の女の人がフワフワのジョーゼットの長いドレスを着たり、ピンクのお振袖を左前に合わせて、房付きのしごきを前にダラリとたらしてしめていたりして、どの人も吉原のおいらんとはぜんぜんちがって、モダーンで清潔で感じがよかった。どの人も愛嬌がよくて、丹波のパパが外人にも日本人にもよくご馳走してあげるらしくて、あたしたちも居心地よくすごしたものでした。

　夜九時頃になるとドヤドヤと外国のセーラーなんかが入って来ます。

「さァ、お前さんたちがまちがえられると可哀相だから引きあげよう」

と今度は「ニューグランド・ホテル」に行き、皆で踊ったり飲んだりします。

　その頃、横浜というと、たいそう遠い感じで、東京の市内とちがい離れているので知り人に逢わないという利点があります。歌舞伎の簑助さん（あとでフグで亡くなった三津五郎さん）と川島芳子さんとがダンスをしていたり、川口松太郎さんが花柳小菊さんと踊っていたり思いがけないカップルがこうして幾組もいます。

川島芳子さんはスパイだというので、のちに不幸な死に方をなさいますが、いつも男装をして活躍しておられた有名な人です。このときはベイジュのスーツを着て、男っぽいけれど、やはり美人ですから男っぽい色気がありました。あたしが思わず「アァ、川島芳子がいるわ、見て見て」なんて言っちゃうと、丹波のパパは「せっかく誰にもわからないと思って楽しんでる当人たちになってみろ。ジロジロ見たりしちゃあ人間的な思いやりに欠けるぞ」と叱られました。だからそのとき「あたしも好きな人ができたらぜったいここ（ニューグランド・ホテル）に来よう」と思ったものでした。事実三年くらいあとで好きな人ができたとき、何より先に「横浜のニューグランドに連れてって」とねだったのです。

「どうして？」と聞く彼に

「お船が見たいんです。それからダンスもしたいんです」

と言って、念願かなって「ニューグランド・ホテル」に連れてきてもらいました。

本牧のチャブ屋の雰囲気は何ともハイカラで少しもお女郎屋さんという暗さとか、みだらがましさとか、そういう印象はありません。皆、女の人はモダーンできれいで、お客様が来られるとダンスをしていました。そして、ダンスがすみますと、それぞれのパートナーと階段を上がっていきます。

「キヨホテル」という家（サァ、何だか「第一キヨホテル」、「第二キヨホテル」などあったみたいですが、あたしの記憶には「キヨホテル」というだけです）のチェリーさんという人のお部屋を見せてもらいましたが、素晴しくきれいで、ヒラヒラの下がったベッドや大きな白塗りの三面鏡がありました。

この人は外人専門でこのお店でもナンバーワンということでした。吉原では「お職《しょく》をはっている」と言いますのに、ここでは「ナンバーワン」と言います。同じ職業で同じことをやっても吉原と本牧では女の人の顔かたちから服装、店の雰囲気までこんなにちがうのです。

モーターボートといえば、飛行機の思い出もあります。ドイツから「ツェッペリン」という飛行船が入ってきた頃です。どこへ行ってもツェッペリンという名を聞きましたし、屋台で売っている鯛焼きのようなお菓子にまで「ツェッペリン焼」という名前をつけると、よく売れたものです。

あたしは、その頃の他の若者なみに飛行船とか飛行機とかいうものにすごく憧れました。そして、どうしても女の飛行家になりたいと思いはじめました。それで所沢に飛行学校があるので、そこへ通いはじめました。鈴木しめ先生という女の教官がおられまして（のちに郷土訪問飛行で亡くなられた方です）、女の子はあたし一人きりなので、とても可愛いがってくださいました。

「アブロ」という今考えると怖いようなガタガタ飛行機だったのですけれど、空の上を飛ぶことは何と素晴しいことでしょうか（今でも、あたしは飛行機が大好きで、飛行機に乗ると、どんなギュウ詰めのジェット機でも大喜びで、よく食べますし、よく眠ります）。

所沢の学校では生徒が練習機に乗りますと、先輩が、まずプロペラを手でまわします。

「クーペ」「コンタクト」

教官が大きな声で言ってエンジンをブルンブルンとかけます。何しろ機体が小さいのですから、ほんの少し滑走するだけでサアッと舞い上がります。教官は前の席、あたしは後ろの席で操縦桿を握ります。「ワァーッ！　ステキ」といつもあたしは空の上をフワリとまわりながら大喜びです。

ただ、旋回するとき、右にまわるときは左の足を、左にまわるときは右の足をグッと踏んばらなければ飛行機そのものが傾いてしまうのです。

たしか、滞空時間三十八時間だったかで試験が受けられ、それにパスすると三等飛行士になれるのです。あたしは飛行機って何て素晴しいものかとだんだん深みにはまりこむように夢中になりました。

もちろん、祖母や母にはぜったい内緒にしていました。飛行機で空を飛んでいるなんて聞いたら、祖母なんか気絶してしまうかもしれないからです。ところが運悪く、飛行場で撮ったあたしの写真を同級生が親切にも届けにきてくれたのです。しかも、あたしのいないところに…。

祖母は飛行学校から男の人が三人も来たので、何かと思っていろいろ聞きだしたようで、あたしがお座敷から帰ったら、その晩、一晩中朝まで泣かれました。あんまり親不孝もひどいと言って…。

内緒で三カ月も通っていましたが、祖母に「私が死んでから、いくらでも乗りなさい」と泣かれて、とうとうあたしも飛行士になるのは諦めざるをえなくなり、女流飛行家の夢も終わりになりました。


その頃、あたしをひいきにしてくださって、どこへいらしっても、「キハル、キハル」と必ず名差しで招んでくださる方に、フィリピンの大統領《プレジデント》、ケソンがいました。

初めは怖いみたいな感じでしたが、何度もお目にかかるうちにとてもやさしい方ということがわかりました。この方は後に病気で亡くなったそうですが。

他にマイラ・ニエバという若い女の子のリポーターがいました。フィリピンの人でしたが、「ジャパン・タイムズ」の芦田均様の紹介であたしのところに取材に来たのが縁で年頃もあまりちがわず、とても仲よしになりました。祖母も「ニエバさんが来るから」と言って、彼女の好きなかき揚を造って待っていました。

彼女は可愛い丸顔で、あたしの着物を着て写真を撮ったり、あたしがフィリピンの礼服（オーガンディーでチョウチン袖の長いドレス）で写真を撮ったりしました。彼女に言わせると、ケソン大統領に毎晩のようにお逢いして親しくお話ができるなんて、ゲイシャ・ガールというのは何て素晴しい職業なのだろうということです。あたしも本当にそう思います。

また、外人さんとしては小柄なやさしいお顔で、これも観光局や外務省の方といらっしゃる四十すぎの方。この方が常磐津式佐お師匠さんにそっくりなのです。式佐師匠が外人になって出ていらしったみたいによく似ていらしった。お声も動作まで似ていらしった。

この方は、ヤッシャ・ハイフェッツという有名なヴァイオリニストとのことでした。

その頃、あたしの一生にたいそう印象の深い外国の方が出てきました。ジャン・コクトーさんです。

昭和十一年にジャン・コクトーさんが来日しました。外務省、新聞社などのお席で、毎夜、ときにはお昼もお目にかかるのですが、短い日本ご滞在のあいだに毎日毎夜お逢いしていたみたいです。

コクトーさんは英語は片言、あたしは何とかしてお話したくてしたくて、でもフランス語はできませんし…。

でも一心て恐ろしいもので、毎日、二言、三言ずつ即席にフランス語を覚えました。手真似口真似で、コクトーさんの英語とあたしのフランス語ではラチがあきませんので、いつも堀口大学先生が助け舟を出してくださいました。でも四、五日目には

「ジュスイ、アンシャンシャンテ」

なんてやりはじめました。

コクトーさんは大喜びされてあたしのことを「ハッピー・スプリング」（喜春だからでしょうか？）とお呼びになっていました。

パリにお帰りになる前の日に、朱塗りの行燈《あんどん》に例の不思議な絵と数行の詩とお名前とを書いてあたしにくださいました。あたしはお返しに蒔絵の手鏡をあげました。これはずっとパリのお宅でも大切に飾ってくださったとのことですが、あたしの大切なコクトーさんの行燈は空襲で焼けてしまいました。これだけは今考えても惜しくて惜

しくて涙が出るほど口惜しゅうございます。

コクトーさんのあたしに対してのお気持ちは、決して色っぽいものではなく、若くて知識欲の固まりみたいな女の子が、一生懸命すがりつくようにフランス語をしゃべろうとするのでいじらしかったのではないでしょうか？　あとで聞きますと、男性をお好きな方で、その頃、ジャン・マレーとご一緒に暮らしておられたとか…。でも、日本の人たちは、「ジャン・コクトーと新橋の喜春」なんて面白おかしく、ずいぶんその当時いろいろな雑誌に書かれました。

コクトーさんはパリに帰られてから、「パリソアール」に「相撲」「歌舞伎」「芸者」と三部に分けて詩をお書きになりました。お相撲は玉錦関、歌舞伎は六代目菊五郎（鏡獅子。これがのちに「美女と野獣」の発想になったのです）、芸者は喜春のことでした。堀口大学先生が日本語に訳して本になりました。その詩はだいたいこんな内容でした。

「浮世絵ウタマロのゲイシャを考えて日本に来た。美しい月の夜に料亭の窓辺でマスクのように顔を白く塗ったゲイシャをたくさん見た。ハッピー・スプリングは、顔も白く塗っていない。自分はいつの間にか漁夫になっていた。

そして地引網を引いて岸に上げて見るとたくさんの魚が入っている。ただ一匹だけ小さな魚が網の目からヒョイヒョイと出ようとする。

『ムッシュー・コクトー、ムッシュー・コクトー』

その小さな魚は呼びかける。他の魚はじっとしているのに、この小さな魚だけは悲しそうに

『ムッシュー・コクトー、ムッシュー・コクトー』

と呼びかける。この小さな魚の名はハッピー・スプリング。この魚は網の中にはいられないのだ。

『ムッシュー・コクトー、ムッシュー・コクトー』

さりとて、この魚を網から出して自分の手の中に握ったら…死んでしまう。

『ムッシュー・コクトー、ムッシュー・コクトー』

魚のハッピー・スプリングの声を聞きながら何をすることもできない私は、網をまた海の中に投げ入れてしまう。

『ムッシュー・コクトー、ムッシュー・コクトー』

ハッピー・スプリングの悲しそうな声が遠ざかる。私は目をつぶってそこを去る…」

当時、ずいぶん読んだ方がいらっしゃるようで、お座敷で

「やあ、これがコクトーさんの喜春さんか?」

なんて言われて、そのたびにあたしは

「何でもないのだ」

と必死になって説明するのでした。林の謙ちゃんなんかは
「いいじゃァねえか、知ってる人は知ってるよ。コクトーは女なんか好きじゃァねえんだから……心配すんなよ」

なんてなぐさめてくださる。そのそばから、コンパルちゃん（近藤春雄さん）や春日の局（稲葉正凱さん、春日の局の末裔です）は
「イイエ、イイエ、宮本武蔵というのもたくさんおりますからねェ」

なんて片っぱしからぶちこわすのです。宮本武蔵とは二刀流で男性も女性も同時に愛せる人のことを言います。

「イヤダー」

なんて泣き声を出すと、なお面白がって皆がからかいます。本当に口惜しかった。その当時、「キング」「モダン日本」なんて大衆的な雑誌や「都新聞」なんかも面白そうに書いてくれましたから、きっとたくさんの人がコクトーさんとあたしと何かあったように思われたでしょう。

東京にご滞在中は、ほとんど毎日「金田中」「とんぼ」「新喜楽」などでお逢いしていました。あたしが毎日少しずつ覚えるフランス語で一生懸命しゃべると、コクトー

さんは嬉しそうにしておられました。いつも堀口先生がそばにいてくださり

「喜春ちゃんが舌ったらずの片言でフランス語をしゃべると、彼とろけそうな顔するよ」

とおっしゃったのを覚えています。

後年、あたしがアメリカに来ましたとき、ニューヨークからパリまでたった六時間くらいで飛行機で行けると聞き、何とかしてコクトーさんにお目にかかりに行こうと思っている矢先、訃報《ふほう》を聞きました。

「今度お逢いするときはフランス語で、堀口先生をいちいちお願いしなくてもいいくらい、ひとりでちゃんとフランス語がしゃべれるようになっています」

とお約束したのですのに…。残念で残念でなりません。

お邸行き

夏になると「お舟行き」というお座敷があると同時に「お邸行《やしき》き」というお座敷もよくありました。

お客様のご自宅で園遊会があったりするときにご接待にあがることを「お邸行き」といいます。お庭に舞台をしつらえて踊りの出るときもあれば、野立てのお茶会のときもありました。

「椿山荘《ちんざんそう》」が山縣有朋さん、「八芳園」が久原《くはら》房之助さん、「般若苑」が畠山さんのお邸であった頃です。四月は桜、五月、六月にはあやめ、つつじ、藤、牡丹などがお庭にいっぱい咲きそろい、秋はまた秋で、十月には菊、十一月には紅葉《もみじ》です。特に外国のお客様には、このお庭の景色だけでも最高のおもてなしだったと思います。

昭和十一年の六月頃だったと思います。のちに首相になられた近衛文麿様の「荻外《てきがい》荘」からのお座敷がかかりました。こんなとき、お客様から直接お座敷がかかることはぜったいにありません。あいだに必ず料亭が入ります。たとえば「新喜楽」が「芸者何人」「お料理何百人分」それに余興は「手品と踊り」というように全部のプランを立てます。板前が出張するときもあります。それを企画して予算を立てるのが料亭の役目です。芸者は裾を引かないのが普通ですが、時には白衿に紋付きの正式の「出《で》」の衣裳のときもあります。

この「荻外荘」のときは、お客様はロシアの歌手のシャリアピンさんでした。ものすごく身体の大きな赤ら顔の本当にロシア人らしいオジサマで、短い期間の東京ご滞在中、毎日、どこかでお招《よ》ばれがあり、そのたびに

「キハール、キハール」

とおっしゃるので、柳橋でも赤坂でも芳町でも芝の「紅葉館《こうようかん》」でも必ず「中もらい*」でもうかがいました。

その頃、芝に「紅葉館」という料亭がありました。お料理屋さんであるだけでなく働いている女性が皆踊りの名取りさん級の人が多く、お運びの人や女中さんだけで「連獅子」だの「紅葉狩《もみじがり》」のような踊りを出しました。

だから、外人のお客様をよくご招待される会社やお役所がありました。

あたしは新橋の中だけでなく、こうして外部にもよく招《よ》ばれました。自分の土地以

外のところに出かけてお座敷をつとめるのを「遠出《とおで》」といいまして玉代《ぎょくだい》は倍額いただいたように思います。

シャリアピンさんはどうしたことかたいそうあたしを気に入ってくださり、どこへ行ってもあたしが行くまではご機嫌が悪かったそうです。

のちに首相になられた近衛文麿様が弟さんの秀麿さんとご一緒にシャリアピンさんをお招《よ》びになるのに、誰かが

「喜春という新橋の妓を招《よ》ばないと、きっとおさまりませんよ」

とおっしゃったのを聞いておられて、このときは五日くらい前から「お約束」で「お邸行き」になっていました。幸いに日曜だったので、お受けできました。

シャリアピンさんはのちにパリに帰られてから「東京日日新聞」の高石真五郎さんにも「朝日新聞」の村山長挙さんにもお手紙をよこされ

「喜春という娘に何かあったら必ず自分に知らせるように…どんなことでも必ず自分

＊「中もらい」といいますのは「お約束」の時間がまだ切れていないのに、わけを言って無理に三十分くらいぬけさせていただくことです。もちろん、その三十分がすぎたらまた元のお座敷に戻ることが原則です。

が援助することを約束するから」とお書きになっていたそうです。それをあとでお聞きして、びっくりしました。

また、あたしのところにもハワイのホノルルから電報が入り「日本であなたに逢えたことが自分の一生にいちばん大切な思い出になる。ホノルルより、ミリオンキッスを送る」なんて書いてありまして、これまたびっくり。林謙一《ハヤケン》さんや柳沢さんにお見せしますと大喜びで

「すげェ、すげェ」

「あの爺さん、日本で若返ったな」

最後には「喜春ちゃん、ほんとに大丈夫だったのかい」なんて冷やかされたり心配されたりしました。

「ぜったいに手も握らせなかったんだから」とか

「ぜったい逃げ切ったんです」

とか一生懸命に皆に身の潔白を証明しました。あたしは、あんな酒呑童子《しゅてんどうじ》みたいなロシアの爺様に組敷かれたりする連想を冗談にでもしてほしくなかったのです。

いくら向こうが可愛いと思ってひいきにしてくださっても、あの大きな赤鬼みたいなおじさまにあたしが喜んで可愛がられていたなんて考えてもらっては心外なのです。

だからこそ、皆が面白がってなお冷やかすのですが、あたしには今、自分を大切にしたいもう一つの大きな理由がありました。

その夜「荻外荘」のお玄関でハイヤーから降りたあたしたち（あたしの他に二、三人はどの芸者衆がいました）はお出先さんとはちがいますから、ぜんぜん勝手がわかりません。ウロウロしていますと、日本人としては珍しい、六尺くらいの上背《うわぜい》のある黒縁の眼鏡をかけた方が出てこられました。

「ああ、新橋の人たちね？」

とその方がドアをあけて中に入れてくださいました。あたしがヒョイと目を上げて見上げたときに
「きみ、喜春って人？」

と聞かれました。そのとき何というのでしょうか、身体中がピリピリするような不思議な気持ちで
「はい」

と答えましたが、同時にカッと赤くなってしまいました。

この方が首相の弟さんの秀麿さんです。あたしが部屋に入っていきますと、シャリアピンさんは大喜びで、宴たけなわになってくると彼のお得意の「ヴォルガ・ボート

マン」をうたいだしました。

シャリアピンさんはどんなに偉い人のパーティでいくら望まれても、ステージ以外にはこの十八番の唄を軽々しくうたったりなさることはぜったいになかったそうですが

「よほど嬉しかったんだよ」

とあとで彼が申しました。

この彼との出逢いがこのシャリアピンさんのパーティなのですから、あたしは一生シャリアピンという人を忘れません。

彼はオーケストラの指揮者をしていました。その当時は貴族の中で西洋音楽を一生の仕事にするなんて非常識と言われた頃です。貴族でなくても男がピアノを弾くとか、ましてオーケストラの「棒振り」をするなんて考えてもみられない頃ですもの。指揮者は「楽隊屋《がくたいや》」などと言われて、ヨタ者みたいに見られていたのです。

おまけに五摂家《ごせっけ》の筆頭で皇族にいちばん近い家系の人ですもの。世の中では、ひどい変わり者で通っていました。

その晩一晩中あたしはボオーッとしていました。

毎晩、お逢いしているお客様の中には、ぜんぜん見られないタイプの人でした。学

生さんがちょっと大人になって出てきたような感じで、背のすごく高い、肩幅の広い、いかつい感じの人なのに、どこか子供みたいなところがあって…。

とにかく、あたしは一目で夢中になってしまったようです。だから、シャリアピンさんなんか、どうでもよくなっちゃって、一晩中その方ばかり目で追っていました。

彼もときどきあたしのそばに来てはシャリアピンさんに英語で話しかけながら、でもはっきりとあたしを意識しているのがわかりました。

しばらくして、あたしがお廊下に出て、化粧直しをしていると、彼も追いかけて出てきました。そして
「デンワ、書いて」

とメモと鉛筆を出しました。あたしはどきどきしながら自分の電話番号を書きました。手が震えてなかなかうまく書けませんでした。

次の日に、彼が電話をかけてくれて銀座の「千疋屋」で逢ったのがきっかけで、あたしは毎日彼のことばかり考えて暮すようになりました。

彼はそのときもう四十近かったけれど、すごく若く見えましたし、外国ばかり歩いている人なのでものの考え方も、その当時の同年配の人とは違い、すごく若々しかったと思います。

あたしとは父子《おやこ》に近いくらい歳が違いましたけれど、あたしはこの人にずいぶんいろいろなことを教えられました。今で言うファーザー・コンプレックスというのでしょうか、あたしは歳の離れた人に手を引っぱってもらう、そして自分のぜんぜん知らないことを教えられながら、ついていくのが好きだったようです。あたしの友達が同年配の若い恋人を持っているのを見ると不思議な気がしました。

彼はやがて、よく築地の「川喜《かわき》」へ来るようになりました。でも、ぜったいに一人では来ません。大田黒元雄さん、塩入亀輔さん、笈田《おいだ》光吉さん、紙《かみ》恭輔さんなどの音楽仲間と皆でワァワァ騒ぐのが好きでした。お舟に行ったり、お化け屋敷に行ったり、本当に楽しゅうございました。

そのうちに彼のお宅に皆で遊びに行きました。洗足のお池のほとりの大きなグランドピアノのあるお部屋で皆でゲームをしました。

そのとき、とても可愛い三歳くらいの坊ちゃんが小さいバケツとシャベルでお砂をいじって遊んでおられました。お名前はヒデタケちゃんといいました。

この坊ちゃんは彼の坊ちゃんで、彼にはその他にお嬢様がお二人あり、上のお嬢様はあたしとあまり歳の違わない、素晴しく美しい方でした。あとで、お嬢様のお写真を見せていただきましたが、本当にお姫様という感じのお顔の方でした。

奥様は、このお二人のお嬢様とご一緒に別居しておられました。だから、この洗足のお宅には家政婦さんがいて、お坊ちゃまのお世話をしていらっしゃいました。何はともあれ、彼が一人で暮していることにあたしはホッとしました。

それと同時に、あたしは毎日彼に逢いたくてしかたなくなりました。向こうも忙しい、あたしも忙しいので、とても毎日逢うことなんて不可能です。それにお宅はすごく遠いし…。でも、毎日声を聞くだけでも気がすみますし、今までとちがってお座敷を稼ぐのも、とても張り合いがあり、夜後口《あとくち》にまわってから、こっそりとお帳場の電話で

「もしもし、今ね、とても忙しいの、さよなら」

なんて、それだけでも気がすむのです。彼は毎朝かけてくれました。

あるとき、洗足のお宅にうかがっているときに十二くらいの少年が来られました。彼のお弟子さんです。鳩山寛君という天才的な坊ちゃんで、あたしには西洋音楽って、まるっきりわからないはずですのに、子供さんとは思われない、素晴しい音色のヴァイオリンを弾いておられたのが印象に残っております。

ある時は、皆でトランプをしているうちに夜になってしまいました。あたしがお約束のない日でしたから、日曜日だったと思います。

すっかり日が暮れると、洗足池からブウブウと牛の鳴くようなすごい声が聞こえてきました。何かと思ったら食用蛙だとのことです。

「あれ聞いたら、フランス料理で粋がってフロッグレッグなんて食えねえなァ」

塩入さんや笈田さんがおっしゃいました。

その頃、大田黒さんが美しい女性を両側に、とても嬉しそうに銀座を歩いていたと皆に冷やかされておられたことがあります。よく聞いてみると、双子のお嬢様だったことがわかり、冷やかした連中のほうがガックリなんてこともありました。

そのうちにいつのまにか、あたしたちは二人きりで逢うようになりました。あたしの念願だった横浜に行って、白い外国船を見たり、日光に行ったり、熱海に行ったりしました。あたしはいつも洋装をしていましたので誰にもわからないようでした。

熱海では「金城館」という旅館に泊りました。日光はずっと上の「南間《なんま》ホテル」というのに泊り、鱒の養殖場を見に行ったり、中禅寺湖のお舟に乗ったりしました。

本当にあたしの心の中に花の咲いたような毎日だったと思います。

あるとき、北海道に行きました。阿寒湖、支笏湖なんか怖いくらい水が青くて、舟の中から見ていてもスーッと引きこまれるような気がしました。もちろん、彼の名前はわかりすぎるくらいわかる名前ですので、青函連絡船やホテルのフロントや宿帳は山本秀男とか山本直忠とか書いていました。山本直忠さんは自分のお友達の名前だとか言って書くたびに喜んでいました（この方は山本直純さんのお父さんだったと思います）。

登別の旅館で夕食を部屋で食べていますと、いきなり登別警察署の人が三人踏みこんできました。名前を聞いたり、職業や住所を聞いたり、それが実に無礼きわまりないのです。

彼が貴族院のパスを出して見せまして

「近衛です」

と申しますと、とたんに向こうがワッとばかりに低姿勢になって、三人とも米つきバッタのようにお辞儀をして、今度はあたしのほうがびっくりしました。

ちょうど大阪の若い男女が「北海道に行って心中をする」という遺書を残して、三日くらい前に家出をしたとのことで北海道中の旅館では若い男女と見ると全部踏みこんで調べられたようです。

彼が若く見えて、あたしが老けて見えるので、ちょうど歳恰好がピッタリだったようで、あとで

「どう見たって心中者にゃ見えねェけどなァ」

なんて皆に冷やかされて大笑いをしました。

その当時、彼はぜったいに離婚のできない境遇でした。華族でもいちばん皇族に近い家系であること、また彼の奥様が首相の奥様の妹様であることなどの理由で宮内省が許さないのです。

戦後、皇太子様が平民の美智子様とご結婚なさいましたが、これは二十何年ものちのことです。もしも、あの頃、皇太子様のような勇気のある前例を出してくださったら、もっともっとたくさんの人が幸せになれたと思います。

その頃の厳しい掟はたくさんの人を不必要な不幸にさせたのではないでしょうか、あたしたちばかりでなく…。

とにかく、ご別居ではありましたが、彼が独身同様なので、いつもおおっぴらに一緒に歩けました。それに、音楽関係のお友達も皆いたって開放的な考え方の方ばかりでしたから、あたしは皆さんに見守られてとても幸福でした。

その頃、彼が「折入ってお願いがあるんだ」と申しました。

ある外人の奥様と四歳くらいのお嬢ちゃまが日本に来られるので、そのためにあたしが、この奥様とお嬢ちゃまの通訳兼ベビーシッター兼ボディガードみたいな役目を仰せつかったのです。

この方は世界的に有名な指揮者のレオポルド・ストコフスキーさんの奥様とお嬢ちゃまでした。奥様はストコフスキーさんよりお歳がずっと若く、その上にイタリア人のボーイフレンドができちゃった。

ストコフスキー氏はお嬢ちゃまが可愛く、若い奥様をぜったいにお離しにならない。それでとうとう、示しあわせて奥様が先に日本に来られ、そのイタリア人の男性があとから来られることになりました。早く言えば駈け落ちですね。

そして、その男性とお嬢ちゃまとお三人でしばらく日本で隠れていらっしゃるあいだに、本国で弁護士さんに離婚の話を進行させようとのお考えでした。

ちょうど、その一カ月くらい前に帝劇で「オーケストラの少女」というディアナ・ダービン主演の映画を見ましたが、その映画でストコフスキーさんが「ハンガリアン・ラプソディ」の指揮をしていらっしゃいました。おでこの広い、見るからに天才そのものの素晴しいお顔なので、あたしはよく覚えていました。また、とても好きになりました。

横浜にお船が着く日、あたしは近衛に連れられてお出迎えに行きました。その頃は飛行機で外国に行ったり来たりは考えられません。ヨーロッパでもアメリカでもお船でした。そして、お船は必ず横浜に着きました。

船から、美しいけれどちょっときついお顔のお母様にお手々を引かれて下りてこられたお嬢ちゃまは、おでこが広くてくるくるの金髪の巻毛でした。映画で拝見したストコフスキーさんが小さくなって出てこられたかと思うくらいソックリだと思いました。あんなにお父様そのままのお嬢ちゃまなのもちょっと珍しいと思うくらいよく似ていらしった。

軽井沢や日光や熱海にこの奥様のお供をしまして、あとからそのイタリア人のボーイフレンドという方も来られてお目にかかりましたが、あたしならストコフスキーさんのほうがずうっといいと思ったものです。お背もあまり高くないし、あんまりハンサムとも思えませんでしたし、だいいち、お品がちがいます。ストコフスキーさんのように、やはり世界的な音楽家という侵しがたいものがある方から見ると、貧弱なイタリアのお兄さんという感じがしました。

この奥様やお嬢ちゃまのことは誰にも言いませんでしたから、彼とあたしとあとほんの二、三の人にしか知られずに終わったようでした。今だったら週刊誌なんかに追いかけられてあたしたちもきっといやな悲しい思いをしたと思います。

そのうちに近衛がヨーロッパに行くことになりました。何しろ片道一カ月以上もかかるのです。しかも、一年以上は帰ってこられないというのですから、あたしは胸がつぶれるくらい悲しゅうございました。

　いつも大好きなヨーハン・ストラウスの「ウィンナ・ワルツ」をハミングして、一緒にキャアキャア呑気に喜んでいたあたしも、いよいよ一年以上離れて暮すということになると生まれて初めて一人ぼっちになるような頼りない気持ちになります。毎日どうしよう…なんて考えたものです。横浜にお見送りに行ったとき、松井翠声ちゃんや笈田さんが笑わそう笑わそうとしてくださるのですけれど、みっともないと思いながら涙があとからあとから出てきて止まりません。

　ほとんど二年近くたって彼が帰国したときに、船の中やベルリンやそこら中に彼を追いかけるようにして送られてきた、友人たちからの電報やハガキや手紙を見せてもらったことがあります。

「キハルガナイテコマッタゾ。　スイセイ」

「はやく帰ってちょうだいナ。喜春ちゃんが首を長くして待ってます。　光《こう》」

「金髪には要心してください。でないと喜春が泣いて怒るからね。　元《もと》」

などと悪友からのお便りばかりで大笑いをしたものです。

　ちょうど彼が横浜を出て半年くらいたったときでした。ベルリンから彼の放送がありました。

「分《わけ》とんぼ」の女将さんのお部屋のラジオを拝借して、柳沢さん、林の謙ちゃん、春日の局、鈴木九萬様などとご一緒に聞きました。あたしの大好きなヨーハン・ストラウスの「ウィンナ・ワルツ」でした。
　ずっと前から彼とあたしとのあいだでひとつだけ大切な暗号がありました。逢いたくてたまらないときでも、まわりに人がいて、そんなこととてもハッキリと言うことはできません。今の若い方たちとちがい、あまりどぎつい表現はできませんでしたし、はたの人も許さなかったと思います。
　それでいつも
「とても肩が痛いの」とか
「昨日から手が痛くてたまらない」
とか言いました。本当はあたしなんか胸が痛いのですけれど、そんなこと言ったらいっぺんにまわりの人にわかってしまいます。だから向こう様も
「何しろ、昨日からすごく肩が痛いんだよ」
なんて言います。こんなことを言っても両手を振りまわすのが商売の人ですもの、まわりの人は何とも思いません。
　さて、ベルリンからの「ウィンナ・ワルツ」の放送のあとでドイツ語の短いスピー

チを始めた彼のなつかしい声が聞こえました。そしてその次に
「日本の皆様」

と彼の声が日本語になりました。日本語のスピーチのあとで
「毎日忙しい上に気候のちがいでしょうか手や肩が痛みまして…これからアメリカにまわりますが…ガァガァガァ」と雑音になりました。

あたしにだけ言ってくれたのです。日本語で、どんなに逢いたいか、あたしにだけわかるように言ってくれたのです！　とうとうあたしは涙をぽろぽろこぼしました。

「お察し致しまァす」

なんて謙ちゃんや稲葉ちゃんに冷やかされました。

毎日毎日、日記の手紙を書きました。届くまでに二カ月近くかかります。

宛名はベルリン大使館気付、ニューヨーク総領事館気付で一週間くらいためておいては出しました。あとでこれを「蟻の手紙」と彼は名づけました。小さな蟻みたいな字で書くからですって！　向こうも忙しいのに、よく絵ハガキや短いけれど逢っているときと同じくらいの強い気持ちを表わした手紙を行く先々からくれました。

世界地図の大きなのを「伊東屋」から買ってきて鏡台の横の壁にはりつけて絵ハガキや手紙の来るたびに印をつけました。聞いたこともないような地名のところからも

来ましたが、とにかく二カ月近くないと届きませんし、こちらからの返事が届くのがまた二カ月あとになるわけです。

ときには半年もたって来る絵ハガキもありました。ズーッと前の手紙の返事が忘れた頃に来たりして、気のぬけたビールみたいでした。

今のように東京から航空便が四日か五日でニューヨークに届くなんて夢のようです。


彼がヨーロッパから帰朝してヤレヤレと思った日が少しだけつづきました。

仲のよい音楽関係のお友達と、楽しい時間を持てて、幸せな時間が半年もたたないうちにもう一度外国へという話が出ました。今度は二年以上も帰って来られないだろうとのことです。

あたしは、前の一年ちょっとのときでも相当辛かったのですもの、そんなに永いあいだ「蟻の手紙」ばかり書いて待ってはいられません。

ところが、今度はあたしも連れて行ってくれると彼が言いだしました。

彼の学習院時代の仲のよいお友達に本野盛一様とおっしゃる方がありました。子爵でいらしった。

よく外務省の宴会でお目にかかっていましたし、あたしたちのことは初めからよくご存じでした。今度は前のときのように一年あまりで帰ってくるのとはちがい、三年くらいは帰ってこられない様子なので、どうしてもあたしを連れて行きたいということで、本野様にご相談したのだと思われます。

本野様は近いうちにニューヨークの総領事におなりになることが内定しているとおっしゃいました。そして

「喜春ちゃん、アメリカという国はとても自由な国だから、日本みたいに籍が入っているとか入っていないとかくだらないことにはこだわらない国なんだよ」

だから、秀麿がヨーロッパにいるあいだ、一年でも一年半でも僕のワイフがお料理や英語や諸々のちゃんとしたしろとの奥さんとしてのたしなみを教えるから、僕がニューヨークに赴任するときに僕の息子の家庭教師《ガバネス》として連れて行く。そして、彼がヨーロッパの仕事を終えてアメリカに来るから、それまでに小さなアパートでも借りて一緒に暮らせばいいじゃないか、とのことです。

「二人で食べるくらい何でもないよ。日本で暮すよりずっと楽しいと思うよ」

とおっしゃってくださいました。彼も

「ジャズの棒でも振る覚悟でいたら二人くらい食えるさ」なんて言ってくれました。

あたしは、ただただ一緒に暮らせる、正式に結婚なんてしなくても毎日顔を見てい

られるだけでもいいと思っていましたから、本野様の暖かいお気持ちをありがたいと思っていました。

問題はあたしの祖母と母です。

あたしはまだ大人になりきれないみたいですから、何にしても、あたしの祖母と母の許可を受けなければなりません。花柳界で育つ人間は一種の温室育ちで、世の中をぜんぜん知らないのです。

次の日、本野様がわざわざあたしの祖母と母とに話してくださいました。祖母も母もただ
「うけたまわっておきます。いずれご返事申し上げますから」

と言ってイエスもノーもお答えしませんでした。

ところが三日目にあたしはお兄様によばれました。お兄様とは近衛首相です。驚いたことにはあたしの祖母と母とが首相官邸にうかがったのです。そして、お兄様に「たとえ、たたき大工でも土方でも、嫁にほしいとおっしゃるなら差し上げますが、何のためにアメリカくんだりまで、お妾奉公に出さなければなりませんのでしょうか？　とにかく、まだ若年《じゃくねん》で何もわからない子供です。弟様はもうご分別もおありのお歳でしょうに、どうしてこのくらいの道理がおわかりにならないのでしょうか？

どうぞお兄様のお力でこれをしおに、もう二度とお目にかからないようにキッパリと縁を切っていただくようにお取り計らいください」

　と申し上げたそうです。お兄様も

「自分が責任を持って別れさせるから」とお約束なさったそうです。

あたしの祖母や母にしたら、せっかく売り出してきたところなのに、アメリカなんかへ行くなんて、ということなのです。その頃はアメリカへ行くということはもう一生逢えないくらいに思っていたのでしょう。それで、祖母と母とで直訴に及んだということになったようです。

　彼はそれから一週間もたたないうちにヨーロッパに行ってしまいました。

　それっきり、数年して戦争になり、大切な大切なあたしのロマンスはこっぱみじんになってしまいました。

お披露目

新橋で芸者になろうとする人はまず、踊りとか三味線の弾ける人というのが第一条件になります。

あたしは新橋の仕来りより知りません。また、戦前の花柳界がもっとも全盛であった頃より知りません。

何しろ、その当時は東京の中だけでも何十という組合があり、何千人という芸者がいましたから、皆、その土地々々でまるっきり違った「お披露目《ひろめ》」のしかたがあったと思います。試験なんてぜんぜんやらないで、田舎からポッと出てきた子を二カ月くらいで「お披露目」させちゃう土地もあるようでしたが、あたしは戦前の新橋のことだけを書いておきたいと思います。

この土地には、たいそう厳しい試験がありました。踊りは藤間さんと花柳さんとがあり、のちに西川先生も入られて、主に振り付けをしてくださることになります。また、三味線とひと口に言っても「長唄」「清元」「常磐津」「歌沢」といろいろあります。

芸者になろうという子もいろいろです。何も知らないで田舎から出てくる子、九歳か十歳で芸者屋の養女になるために出てくる子、また、大きな料亭や芸者屋の娘さんもあり、個人差はとてもはげしいのです。でも、どの人も新橋の芸者になるためには試験を受けなければなりません。

その頃は別に芸者になる目的でなくてもだいたい女の子は芸事を習いました。お花やお茶はだいぶん大きくなってからでも間にあいますが、踊りやお三味線は小さいときに始めるほどいいわけで、現在、ピアノやバレーダンスを親が無理に習わせているようにその頃の女の子は女のたしなみとして踊りや長唄を習わせられました。ですから、芸者屋や料理屋の娘でなくてもあたしのように小さいときから踊りや三味線の下地のできている人も少なくありません。

でも、その人によっては本当に芸事なんて手も足も出ないような人もいました。ですが、目的はひとつ、一生懸命やって試験にパスすることで、皆お三味線の稽古をやっていました。

ですから試験の日はちゃんと決まっていまして、毎月、長唄は何日、清元は何日、踊りもご流儀によって何日ということで、皆それぞれ頑張るわけです。

新橋では「持ち芸」がひとつ必要です。長唄の三味線とか清元の唄とか西川流の踊りとか、一人一人が独自の芸をひとつ持たなければなりません。


許可地の昼下がり、そこら中でポツンポツンたいそうつたない三味線の音が聞こえてきます。長唄の「末広狩《すえひろがり》」で試験を受ける人が特訓を受けているな、なんてすぐにわかります。

試験に受からない場合は、またあと三カ月頑張ってもう一回受けます。そしておよそ半年くらいのあいだに三回受けてダメだったら、よくよく才能がないのですから、何か他の職業を探したほうがいい、ということになります。

この試験が受かって、いよいよ芸者になってからが大変で、春秋二回の「東をどり」、また六月には「あづま会」というのがありました。

春四月と秋十月の「東をどり」は総花式に十三くらいの半玉さんも下地っ子さん(仕込みさんとも言って半玉の研究生のことです)まで舞台に出してもらえますが、「あづま会」はそうはいきません。この六月の「あづま会」はちょっと専門的な出しものが多く、なかなか高級な出しものが揃いますから、試験に通って芸者になってからの勉強のほうがずっときついのです。

あたしは芸者に出たときに、二カ月くらいで「あづま会」の「連獅子」のワキを弾かせていただきました。踊り手は絹若、桃千代の若手のコンビで、とても素晴しかった。

山台《やまだい》が両方に出まして「連獅子」のあとすぐに「星の逢う夜」という七夕様を主題にした新曲も出ました。それもワキを弾きました。リーダー格のことを「タテ三味線」と言いまして、その次の弾き手を「ワキ」と言います。

しかし、このあとはズーッと英語の学校に行っていましたので「東をどり」や「あづま会」に出る時間もありませんでした。


ここでちょっと新橋演舞場の話をします。新橋演舞場という劇場は大正十四年に開場、いまから五十七年前に新橋の芸者の芸の勉強の結果を発表するための劇場として発足したものです。

芸者が独立するとき（あたしたちは自前芸者になると言っていましたが）、必ず新橋演舞場の株を持たなければいけませんでした。

そして、新橋の芸者組合とお茶屋さんの組合とでこの劇場を運営していまして、春四月に一カ月、秋十月に一カ月、新橋の芸者だけで行う芸能「春の東をどり」「秋の東をどり」を毎年やっていました。その間、六月に「あづま会」というのもやりました。何しろ新橋だけで芸者が千二百人もおりましたし、何もかも（特に人間の心持ち）がゆったりとしていた頃です。

そのうちに演舞場は松竹さんにおまかせするようになりました。その間の事情はあたしにはよくわかりません。昭和五十八年五月二十八日より三十一日まで四日間だけの「東をどり」が行われましたが、このことを考えますと何だかちょっと淋しくなりました。昔のままのプライドを持った新橋の芸者の全盛時代というのは、もう再び来ないのでしょうか？

さて、試験の日が来ますと、役員さんがズラリと見番の試験場にならびます。あたしのときは長唄の「高砂丹前《たかさごたんぜん》」でした。長唄の大姐さん、しかも名取りさんの錚々《そうそう》たる連中や引退した昔の名手がズラリと並んでおられる前で弾くのですから、相当の度胸が必要です。ふだんうまく弾けるのにそのときだけはカッカしちゃって調子も合わなくなるなんて人もいます。いいかげん神経の太い子でもすっかりあがってしまいます。

踊りの人などあまり緊張しすぎて扇子を何度も落としちゃったなんて人もありました。

あたしの試験日には、美代菊《みよぎく》姐さん、菊代《きくよ》姐さんなどの他に元老株でお名前など知りませんが、もっと年とった役員さんが居並んでジロリジロリと見ています。あたしが三味線袋からお三味線を出してゆっくりと調子を合わせている段階で

「ア、この妓はだいぶ弾けるわよ」

と大きな声で美代菊姐さんの言われる声を聞きました。そうなるとグッと落ちつきが出て前弾《まえびき》を弾きだしました。前弾の終わったところで

「もう、けっこうよ」

と止められ、役員さんたちが皆ニコニコして

「大丈夫よ。おめでとう」「勉強なさいよ。筋がいいんだから」

なんて言われて無事試験にパスしたわけです。三味線の調子を合わせて構えただけで相当長くやっている者と初心者とはすぐに見分けがつくのでしょう。

そして、試験にパスしたとなると今度は「お披露目」の準備です。

あたしの場合は借金があって来た子ではないので「お披露目」には自分の好きな着物を染めることができました。

あたしの場合、もう試験は受かるものと信じていましたので、すでに「ゑり菊*」さんから、まずお見習いの着物二枚が届いていました。これは裾を引きません。おはしよりでいいのです。

お披露目の一週間あるいは十日くらい前から「お見習い」に行きます。そうでないと、どうやっていいか、皆目お座敷の見当がつかないのです。

その点、お茶屋の娘さんなんかは自分が直接お座敷に出たことがなくても、何となくお座敷の寸法がわかっていて幸いですけれど、本当のしろと家で育った人間には何をどうやっていいかわかりません。

お見習い期間にこのすべてのことを会得しなければならないのです。たとえば、箱部屋で待っているあいだに少しでも歳上のお姐さんが入って来られたら、ぬがれた履物**をすぐ下駄箱に入れて、間髪を入れず羽織をぬがせ、それをたたむ。そして、ハンドバッグ、あるいはお扇子袋その他と一緒に棚に上げなければなりません。

また、お座敷に入っているとき、歳上の方があとから入って来られたときには

「お姐さん、お先に」

と頭を下げてサッと下座《しもざ》に下がります。現在は上座《かみざ》も下座もあまりわからないし、関係ないそうですからたいそう楽ですね。

その頃、若い妓が平気で上座に座っていたら「なんて生意気な妓だろう」とさっそくマークされてしまいます。

お座敷での動作も覚えなければなりません。たとえば
「こんばんわ」

と入って来るときの動きやお酌のしかた（お銚子の持ち方、お盃の受け方、ご返盃のしかた）など、先輩のをよく見て、それを習います。

次にお出先の女中さんたちの名前、一座する芸者衆の名前、お帳場さん、箱屋さん、そして板前さんの親方から洗い方までちゃんとご挨拶をすること、等々で、お座敷そのものより他の大切な細かいことを覚えるための期間がお見習い期間です。

そして、その間、お披露目の日に着せる箱屋さんのお仕着せ、また、俥屋さんに着せる名入りの印半纏《しるしばんてん》を染めさせます。あたしの場合は揚羽の蝶の定紋を背中に、半纏の衿に屋号と名前を染めました。

＊　新橋の芸者の着物はほとんど「ちた和」や「ゑり菊」などが染めていました。その頃は白生地から自分の好みで好きな色や柄を染めてもらうのです。
＊＊　芸者の履物は桐の黒塗りで、それぞれ自分の名前を入れてあります。鼻緒は白い皮でできていました。

そして名入りの手拭い、それを入れる名入りの袋、たしか五百枚ずつ造らせたと思います。

お披露目の日は素晴しい晴天でした。あたしの誕生日にお披露目をしました。幸いにも「友引」というよい日でした。花柳界は縁起をかつぎますから「仏滅」なんて日にはぜったいにお披露目はしません。昭和七年の四月十四日でした。

着物は一《ひと》つ袷《あわせ》、下着なしでひわ色に千羽鶴を染め、帯は金の格天井《ごうてんじょう》でした。

ちょっとここで着物のことを書きます。今は誰も彼も（もちろん、あたしも）ナイロンの白い半衿で夏も冬も通していますけれど、その頃は半衿にもちゃんと決まりがありました。

お正月には塩瀬《しおぜ》です。あのシャキッとした厚手の塩瀬の半衿は、たしかにお正月の感じでした。

二月、三月、四月は鬼しぼや平縮緬を使いますが、五月、六月になると、縦しぼをかけます。七月、八月は絽か紗です。

そして、九月は縦しぼ、十月、十一月、十二月とまた鬼しぼや平縮緬に戻ります。首すじにちょっと出るだけの半衿でもこの通りですから、着物も十一月から三月までは袖口と裾にフックリと綿をふくませます（これを口綿《くちわた》といいます）。そして下着も重ねます。

四月、五月、そして十月にはこの綿をふくんだものは着ません。一つ袷といって、すっきりと、口綿の入っていないものを着ます。

また、どんなに陽気が寒くても六月一日からは単衣《ひとえ》ものを着ます。これは透けない一越《ひとこし》などの単衣です。また、九月も、どんなに冷えびえした夜でも九月三十日までは単衣を着ます。

七月、八月は盛夏ですから絽か紗を着ます。お稽古着や買物着でもうす大島や麻、明石《あかし》、四つ入《いり》などを着ました。

また、この頃（昭和五十八年）、衿元や褄下《つました》、ときには袖口まで「ぐしびつけ」といって、ゾベという細い糸で細かい縫目をチクチクと表に出したしつけをつけたまま着ている方がたくさんあります。黒の留袖など衿元にチクチクと白い針目のしつけの出ているのがとても気になりますが、この頃の方は平気なのですね。

あたしたちの時代は、この「ぐしびつけ」を衿元や褄下につけたまま着てる人は一人もありませんでした。「お座敷で恥をかく」といって必ず取ったものです。

とにかく、真夏でも髪を島田にして、ちゃんと絽の着物の裾を引いて丸帯をしめて、しかも冷房なんてないところで働いていたのですから、今の人だったら人権蹂躙《じゅうりん》だなんて騒ぐでしょうね。

あたしは今でもニューヨークの三十八度なんて真夏の街をちゃんと絽の着物に単衣帯をしめて歩きますが、別段汗みずくになるなんてこともありませんし、またアメリカの友人たちが「憎らしいくらい涼しそうな顔をしている」と怒るくらいです。やはり昔の修業はありがたいものだと今になって思い知っております。

さて、お見習いのときの着物は明るい青地に桜のつけ下げ、もう一枚は薄紫のあやめでした。

とにかく、芸者という職業は毎月の着物がとても楽しみなのです。

しろとの方は割に季節を気になさらず、お召しになるけれど、あたしたちは季節々々にピッタリのデザインのものを着るのが大切なことでした。春に紅葉《もみじ》の着物を着てる人はありませんし、秋に桜や藤の着物の人もありません。この頃のように季節感がなくなって一年中同じお花の咲く時代とちがって着物の模様は季節感覚で着るのがいちばん大切なことであったのです。

そして、あたしも大人になってくるとご多分にもれず、好きだと思う方の紋を染めて着はじめました。

丹羽文雄先生が「笹《ささ》りんどう」のご紋だと聞いて、紫地に「笹りんどう」を染めてみたり、しばらくすると長襦袢も着物も「牡丹」をいろいろ図案化して着たりしました（近衛家の紋が実は牡丹なのです）。

そうしたら、その当時の八百蔵《やおぞう》兄さん（のちの市川中車さん）が

「喜春ちゃん、僕におかぼれしているのならそう言ってくれりゃァいいのに…」

とおっしゃるので、キョトンとしていますと、ちょうど甥にあたる市川段四郎さんが

「ちがうよ、ちがうよ」と笑い出して

「叔父貴《おじき》がしょってるけど、早合点するわけだよ、彼の紋が牡丹だから」

と皆で大笑いしました。中車さんの紋も牡丹だったのです。

さて、お披露目には、お出先全部と組合中の芸者屋さんを一軒一軒歩きます。だいたい木挽町の近いところは歩きますが、四、五丁ある築地方面は俥に乗ります。

箱屋さんがついてきまして、景気よく

「こんちわァ、お披露目でござーい」

と声をかけます。お出先では女将さんはじめ皆さん出てきてくださり

「おめでとう」

「よいお仕度《したく》ね（これは着物や帯をほめてくださっている言葉です）」

「お姐さんもお楽しみね」

などといろいろ外交辞礼を惜しみません（そうそうあたしのときには本家の姐さんがついてくれました）。

必ずどこの「お披露目さん」にも大姐さんが一人つきます。そして、俥は三台で、後ろの俥には山のようにお出先に配る商品券とか例の名入りの手拭いなどを積み重ねています。箱屋さんがいちいちそれをとってお玄関に置きます。

芸者がお座敷に行くときには必ず箱口《はこぐち》といって、内玄関から出入りするのですけれど、このお披露目のときだけは、お客様のお入りになる正面の玄関から入ってもいいのです。

あたしがお見習いをしているあいだに、お顔馴染みになったお客様がお披露目を祝って、「空約束《からやくそく》」をつけてくださっていました。ということは、「雪村」さんに

「お披露目でござーい」

と入っていったときに女将さんが

「このあいだの伊藤先生がお披露目の日から三日間、お約束をつけてくださっていますよ」

と言ってくださいます。お客様がおいでにならなくても、お披露目を祝って、「空

約束」をつけてくださるのです。「空約束」というのは、お客様がおいでにならなくても来られたと同じ時間のお花代を払ってくださることをいいます。

これは、お披露目のときばかりではありません。お正月の三カ日、ズーッとつけてくださるお客様がたくさんありました。ふだんごひいきになっているお客様は、皆そうしてくださいました。

お正月には「出《で》」の姿をします。

この「出」の仕度は塩瀬の白衿に五つ紋の紋つきで、帯は柳です。柳にしますとおたいこの下が縛らないような形でゆらゆらとゆれてたいそう優雅な感じでもあり、西陣の織物の豪華な模様もよく見えるというわけです。

そして、島田の髪に必ず笄《こうがい》をさします。着物は若い芸者は黒でなくてもよいということで、各々《おのおの》紫《むらさき》や水色や青の裾模様を着ることを許されていましたが、昔は若い人も年増もいっせいに黒を着たようです。あたしは初めの年は明るい紫にやり梅を着ましたし、次の年は銀鼠《ぎんねず》に宝船を着ました。

デザインも「ゑり菊」さんにたった一言、「光琳の梅にいたしましょうね」と言われると、すぐわかりますし、「割氷《わりごおり》」とか「氷《ひ》われ」とか「むじな菊」とか「業平格子《なりひらごうし》」とか、その当時の常識的な模様のパターンがすぐに頭に浮かびました。今ではほとんど皆様ご存じありませんね。

お正月の「出」の衣裳につきものは「稲穂」です。松の内は稲の穂を髪にさします。この稲の穂には鳩がついています。

「とりこめ、とりこめ」という言葉の響きのまま「お金をとりこむ」という縁起から来ています。そして、その鳩には目がないのです。芸者たちは元旦に鳩の片目だけを入れておきます。そして、好きな人に逢ったときにその人に片目を入れてもらいます（何か願い事がかなうとだるまさんに目を入れるのが日本の仕来りですね。日本の人って「目を入れる」ということがよほど好きみたい）。

だから若い芸者同志お互いに稲穂の簪《かんざし》の鳩の目をとても気にします。そして、鳩の目が両方とも入っているのを見つけると「ワァー」と歓声をあげて皆で
「ヨオッ」

とかけ声をかけてシャンシャンシャンと手をしめちゃう。鳩に両目が入ってるということは、もう好きな人（あるいは旦那）に逢えたことを証明していますから…。

そして、そのときには何十人一座にいても必ず全員にパリパリの新しいお札を配ります。サァ今の千円札くらいでしょうか、その頃の手の切れるようなパリパリの一円札です。

年の暮に銀行に行って、このパリパリの新札一円札を百枚、二百枚と用意しておきます。だから、花柳界に近い銀行は年の暮になると、この一円札のパリパリを山のように用意しておかなければなりません。そして、松の内の夜遅くには、五、六軒まわって来た芸者の衿元には何枚もの一円札がはさんであります。

旦那衆にしたら、それがひとつの見栄で、皆の前で鳩の目を入れて「ワァーッ」とはやされ、何十人いても一円札のパリパリを渡してシャンシャンと手をしめて、いい旦那ぶりを示すなんて男としてずいぶんいい気持ちなのだと思いますよ。

暮の内にこの新札は芸者が用意するのです。けれど、結局出るところは旦那からですから同じことです。

このお正月の行事とともに忘れられないのは春場所です。両国の国技館での春場所こそ華やかな、そして大切な行事です。

今みたいに「何とか場所、何とか場所」と一年に何回もそこら中でやるお相撲とちがい、その頃は春場所と夏場所、しかも相撲茶屋からたっつけ（タイツのようなももひき）をはいた男衆が枡《ます》へ案内してくれるのです。

そして、いろいろご馳走が出ます。お正月は小さな「行火《あんか》」が出ます。これは炬燵《こたつ》の小さなもので暖房装置のなかったその頃の相撲場で手を暖めたりするものです。男衆がお重箱に入ったお料理やお酒も運んでくれました。

夏場所では青々とした空豆とビール。今でも「空豆とビール」を見ると夏場所を思い出します。

さて、お正月は芸者は「出」の衣裳で相撲場に出かけます。これも重要な春場所風景で、この「出」の衣裳の芸者があちらこちらの枡に四人、五人と入ってくるのが見物の方たちの楽しみでもあったと思います。

その当時、ラジオのアナウンサーで松内則三さんという有名な方がおられました。野球でもお相撲でも本当に名台詞で名調子でした。

「ただ今、新橋のきれいどころが入って参りました。〝出〟の着物に柳にしめた帯をゆらゆらさせながら若手の〝喜春〟を先頭に東の力士出入口の角の枡に四人そろって座りました」

なんて言われると、お客様も「ワァー」なんて声を上げてくださいます。

その頃は「双葉山」の全盛時代で、新橋でも「双葉山を守る会」とか「双葉山にさわらぬ会」なんていうのがありました。

そうかと思うと「大邱山《たいきゅうざん》」のところにすっぽんの血（生のまま呑むと非常に体力がつくということでした）を毎日届けに通って来るお姐さんもあり、「鯱ノ里《しゃちのさと》」に夢中で場所中はお座敷はみんなお断わりなんて妓《ひと》もいました。

「出羽《でわ》ヶ嶽《たけ》」、ブンチャンなんて小学生にだけすごい人気のあるお相撲もあり、また、負けるとプンプン怒る「名寄岩《なよろいわ》」、相手が土俵の外に投げられて倒れ、身体が重いので立ち上がれないと、わざわざ行って手をとって起こして上げる「鏡岩《かがみいわ》」のような心のやさしいお相撲もいました。

あたしは、お相撲はよく見に行きましたけれど、別に好きな関取がいるというわけでもなし観客としては、いたって冷静なつまらない観客だったと思います。

ただ、面白いのは相撲場でいろいろなことがアナウンスされることです。

「ただ今、英国のエドワード八世が退位を宣言されました」とか「我が国はイタリアと同盟を結びました」とか時事ニュースが毎日入り、それをアナウンスするわけです。

ときには
「かしこくも賀陽宮《かやのみや》様同妃殿下がご観覧あらせられ」なんていうのも聞こえてきます。

つい昨夜も「花蝶」さんで若い将校さん大勢と、たいそうご機嫌よくあらせられた賀陽宮様が
「喜春と金花《きんか》を胴上げしろ」

なんて命令されると、習志野二十六連隊の若い連中が「エイ」とばかりに金花ちゃ

んとあたしを胴上げしてドスンなんて落したりしたのです。

「これだから陸軍さんてヤバンだわ」

なんてさんざん怒ったものですが、今日はバリッと軍服姿で貴賓席に妃殿下と並んじゃって、すごくえらい人に見えます。

その頃、「宮様」というと神様の次くらいに考えて世間ではお顔を見ると目がつぶれるみたいに思っていたようですが、いつも宮様がたは新橋においでになっていましたし、宮様だってお酒癖の悪い方もいらっしゃるし、誰かれかまわず口説いちゃう宮様もいらっしゃるし…だからあたしたちはその頃の世間の一般の方たちのように宮様だからといって特別の考え方はしていませんでした。もちろん、素晴しいハンサムで男らしい竹田宮のような方もいらっしゃいました。

不思議なことには新橋は海軍さんのごひいきが多く、陸軍は赤坂でした。

海軍さんはあのユニフォームが素的なんです。米《よ》内《ない》光政様や大角岑生《おおすみみねお》様、嶋田繁太郎様、ちょっと若くなって平出英夫大佐あたりは、あの軍服がよくお似合いなのです。お背が高くもなく、ちっともハンサムでもないのに何とも言えない男らしさのあるのは山本五《い》十《そ》六《ろく》様です。

有名な話ですから書きますけれど、弥勒菩薩のような美しいお顔のお姐さんで、あたしの大好きな梅竜《うめりよう》姐さんが山本さんのためにはどんな苦労もいとわないという気持ちになられたのもわかるような気がします。

とにかく、海軍さんは素的でした。外国に出つけておられる方が多かったせいか、芸者たちに対しても、やさしい態度の方ばかりでした。

だから、第二次世界大戦の直前まで、戦争を何とかして止めようとなさったのは海軍さんであったことをあたしたちは信じて疑いません。

陸軍さんは、ほとんどお逢いするおりがなかったけれど、まるっきり感じがちがったように思います。

陸軍さんは赤坂の芸者衆がごひいきでした。

話が相撲場からたいそうそれましたが、六十九連勝の双葉山さんは例外としても、とにかく、その頃の横綱は負けませんでした（この頃の横綱はよく負けますネ）。

あたしは幸せなことに双葉山さんが安芸ノ海に負けた、あの歴史的な瞬間（昭和十四年の春場所でした）を東力士の出入口の二の枡で見ています。皆、見物が気狂いみたいに立ち上がって座布団やいろいろな物が飛んできたのを覚えています。

もうひとつ、このあいだ「若乃花関」がバーのマダムとのあいだに赤ちゃんが生まれて奥さんと離婚されたという記事を読みましたが、あたしたちの時代には関取衆がよそに子供が二人や三人生まれたっておかみさんはガタガタしませんでした。

女の人にしても、もうすでに結婚してる人を好きになったら、無理に自分が妻の座に相手を押しのけて座ろうとも思わなかったけれど…。

時代のちがいってのは怖いもので、まるっきりものの考え方がちがうんだから…。

今の方には珍しいでしょうから、もう少しこの世界独得の言葉やならわしを書いておきます。

「逢《あ》い状《じょう》」というものがあります。

これは芸者が渡される、あとあとまわるお茶屋さんへの伝達伝票みたいなものです。

「逢い状」は「天紅《てんべに》」といいまして、上だけ紅く染めてあります。

歌舞伎の舞台で、色街から来た手紙は皆、巻紙の上の部分を赤くしてあります。これは女が口紅を自分の唇からこの巻紙に移すもので、女の愛情を表現するものと思われます。

後年、あたしがアメリカに行きまして、アメリカ人からラヴレターをもらいましたが、必ずいちばん最後に×××と書いてありまして、これはキス（ＫＩＳＳ）を意味するものと知りました。特に女の人は自分の唇のあとを口紅《リップスティック》でつけて送るのだそうで、これは日本の「天紅」と同じ発想だと思いました。

ある女の文学者の先生がこの「逢い状」を集めておられると聞きました。森田たまさんで関西のものを主に「逢い状のコレクション」をされておられたようです。

芸者は、後口《あとくち》にまわるとき、この「逢い状」を何枚も何枚も衿元にはさんでいました。いかに流行《はや》りっ妓《こ》かというバロメーターになりますものね。

それから「玉代《ぎょくだい》」。これは関西では「お花代《はなだい》」と言っています。一時間いくらというように芸者はチャージするわけですが、その代金のことです。もっと昔は玉代のことを「お線香代《せんこ》」とも言ったそうです。きっと昔は時計がなかったからお線香をともしてその一本が終わるまでで時間を計ったものと思います。

若い十三、四歳の人のことは「半玉《はんぎょく》」さんと言っていましたが、これは一人前の芸者が一時間五千円とすると半玉さんは二千五百円、つまり玉代が半分だから半玉のわけです。

また半玉さんは「お酌《しゃく》さん」とも言っていました。子供で無邪気にお酌だけしているからかもしれませんね。

早生まれの子、つまり一年のうち三月三十一日までに生まれた子供は数え年七歳で小学校に行けましたから十二歳になると六年生を卒業して半玉さんになれたわけです。

半玉さんは長いお振袖を着て、帯もおたいこではなく、派手な結び方をします。髪型も桃割れや、唐人まげや、結綿《いいわた》を結いまして、花簪《かんざし》をたくさん差します。

半玉さん時代をすぎて十六歳か十七歳になりますと、一人前の芸者になりますが、そのときは「一本《いっぽん》になる」と言います。

一本になると一本になった（つまり一人前になった）お披露目をします。

一人前になると袖は短かくして裾を引きます。帯もおたいこ、あるいは礼装のときは柳になります。半玉さんのあいだは裾は引きません。

ところで京都の舞妓《まいこ》さんは髪型も違いますし、帯も京都独得のおだらりにしますし、十四、十五でも裾を引きます。当節、何も知らない若い方は「東京で舞妓さんをしておられた方です」なんて言いますが、東京には舞妓さんはありません。

また、関東では芸者といい、関西では芸妓《げいこ》と言います。あたしは関西のことはぜんぜん知りませんが（大阪の友達は、呂之介《ろのすけ》さん、ぼたんちゃんなんて人がありましたが、仕来りなんてのは話したことはありません）、きっとまるっきり諸々のことがちがっていたと思います。

あたしたちの仲間には、いろいろと面白い、とてもしろとの奥様には考えられないようなエピソードがたくさんあります。

ある大きな肥料会社の社長のところに正式にお嫁に行かれたあたしの先輩がありま す。

このお姐さんは（この奥様はと言いましょう）あたしより十五歳くらい歳上の方でした。よく旦那様とご一緒に外人のご招待のときなどお出ましになりましたが、英語も油絵も鎌倉彫りもなさるという上品な奥様でした。

あたしが一生懸命英語の勉強をしていることをご存じで、ご夫妻とも、よく励ましてくださっていました。その奥様がお若くて結婚された当時のことを笑いながら話してくださいました。

結婚された当時には、ご自分で芸者屋さんを持っておられました。そして、お母さんの代から「九官鳥」をとても可愛がっておられたのです。

お母さんが亡くなられ、芸者屋さんを止めて結婚されたのですが、お嫁に行かれるときにその九官鳥も連れてお嫁に行かれたわけです。

その社長のお宅はあたしたちもよくパーティのご接待にうかがったものですが、古い英国のスタイルをとり入れた素晴しい洋館で、プールもあり、プールサイドにはすごいバーもついていました。

ただ、裏側に内玄関《ないげんかん》がついていまして、そこは日本式の屋根門があり、内玄関にはガラス格子がはまっていました。
その内玄関に鳥籠をつるして九官鳥を飼っておられたわけです。
ところが、どなたかお客様が見えられて、お玄関のガラス格子の戸がガラリとあくと、九官鳥は必ず大きな声で
「コンチワァ、オヒロメデゴザーイ」
とやります。いっぺんに奥様の出生地がわかっちゃう。お姑様が
「どうもね。いっぺんに芸者屋の九官鳥だということがわかりますので…これだけは何とかしてくださいよ」
とおっしゃったそうで、とうとうその芸者屋の九官鳥は奥様の仲よしの芸者屋さんに戻り、今度は心おきなく格子戸のあくたびに
「コンチワァ、オヒロメデゴザーイ」
とよい声でやっていました。
またこれも、あたしの大先輩の喜代勇姐さんの話です。その当時東京、大阪間を走っていた特急「つばめ」のいちばん後ろに一等のお客様のために展望車というのがついていまして、広いガラス窓から外の景色がよく見えますし、椅子もひとつひとつア

ームチェアーで、ゆったりとしていました。

そして、列車の後尾に手すりがついていまして、外国から来た有名な芸能人などがよくその手すりのところで花束を抱えたりして写真を撮られたりしたものです。とにかく、当時はこの展望車に乗るということは上流階級の人に限りました。

さて、喜代勇姐さんは、あるときすっかりしろとの奥様の作りでこの展望車に乗りました。京都で旦那と落ち合うことになっていたのです。

「うんと地味な作りで、上品なコートにミンクの衿巻をして、誰が見たって伯爵夫人くらいにはぜったい見えたわよ」とご本人はそう言われました。

そして、展望車の中では喫いたい煙草もがまんして、うんと上品に構えていたそうです。そこへ、洋装のとても上品な、それこそ本物の伯爵夫人みたいな方が隣りに腰掛けてニッコリと笑って
「ごめん遊ばせ、奥様どちらまで？」

と話しかけてきたそうです。喜代勇姐さんは「お盆とお正月と一緒に来たくらい」緊張しちゃって
「あたくし、京都まで参りますの」

と答えたそうです。ところがその本物の伯爵夫人は全部「遊ばせ言葉」なのだそう

です。お姐さんも舌をかみそうになりながら、遊ばせ言葉でなるべく口数をきかないように心がけてお答えしていました。
「奥様、お邸はどちらでいらっしゃいますの？」
と聞かれてグッとつまり、苦しまぎれに
「麻布の三河台でございます」
これは旦那のお邸を言ったわけです。ところが、幸いにもその奥様は田園調布にお邸があるとのことで、ヤレヤレ…。
たいそう話好きな奥様で、話はお芝居のことになりました。あたしたちの会話では
「六代目さんがね」とか
「もしほ兄さんが〝吉野山〟の静を踊るのよ」とか
「橘屋さんの〝玄治店《げんやだな》〟見た？」とか言うのですけれど、しろとの奥様ですと
「菊五郎が」とか
「羽左衛門が」とかおっしゃるわけ。
これはあたしたちにはとてもむずかしいことです。
でも、一生懸命その奥様に同調して、マァ何とか辻褄を合わせ、いよいよ京都駅に着きました。その奥様は大阪まで行かれるわけです。

喜代勇姐さん、ヤレヤレやっと解放されたと思ってホッとしました。そして窓をあけて「赤帽」さんを呼びたいわけです。その頃はどこの駅にも赤帽さんがいました。荷物を手ぎわよく運んでくれるポーターのことです。

それで窓をあけて大きな声で

「ハコヤサーン、ハコヤサーン」

と呼んじゃった。あたしたち、何か頼むときは箱屋さんを呼びますから、つい出てしまったというところでしょう。

伯爵夫人が「ハコヤサーン」じゃ困るのです。喜代勇姐さん、ハッとして口を押さえたけれどももう遅い。転げるように京都駅に降りると、後ろも見ずに出口へ走ったといいます。

ごひいきになったお客様

ごひいきになったお客様のことを書きます。今考えてもなつかしい方たちのお顔が目に浮かびます。

ミチオ・イトウ（伊藤道郎）先生。

この方には本当に可愛がっていただきました。外人のお客様をよくお連れになったという理由もありましたが、あたしが英語でわからないことがあると、いつもイトウ先生に教えていただきました。

つや子夫人もとてもやさしくて、あたしが英語を勉強しているというのでとてもよい字引きをくださいました。

後年、ニューヨークですぐの弟さんの裕二さんにも、ミチオ先生とアメリカの奥様とのあいだに生まれたデニスさんという息子さんにもお逢いしました。デニスさんとはよく食事にご一緒しましたが、お小さいときに小児麻痺を病まれたとかでステッキをついておられました。

裕二さんにもよくニューヨーク見物に連れて歩いていただきましたが、奥様のテイコさんがその頃メキシコに行っておられてゲンジちゃんという坊ちゃんがよくあたしのところに泊りに来られ、動物園などにお連れしたのを覚えています。

また、その弟さんで有名な舞台装置家の伊藤熹朔《きさく》さん。

終戦後すぐに帝劇でオペラの「真夏の夜の夢」をやりましたが、戦後すぐで、誰もが美しいものを見たくてたまらなかったとき、どこを見ても汚いものより見られなかったとき、このオペラは当時としては信じられないくらいの豪華版でした。

森雅之さんや、菊田一夫さんの奥様になられた能勢妙子さんが出ておられ、指揮は近衛秀麿で舞台装置が伊藤熹朔さんでした。

あの奥行のない浅い帝劇の舞台を熹朔さんが手がけると、深い深い森になります。何十マイルもあるかと見える森の中からカンテラを持った小人や妖精が出てくる素晴しいステージをあたしは一生忘れません。

よく「日本で天才と言えば誰だろう?」なんて話が出るとあたしは即座に
「伊藤熹朔」

と答えました。皆様故人になってしまわれました。お若かったデニスさんまで…。

いちばん下の弟さんは千田是也さんです。ミチオ先生は、よく
「圀夫《くにお》のところへ行こう」

とおっしゃって千田是也さんのお宅に連れていってくださいました。先生のごひいきだった典子ちゃんという若い妓と一緒でした。

圀夫さんはとても長唄がお上手でした。あたしと典子ちゃんとが三味線を弾いて圀夫さんが「勧進帳」を唄ったりなさいました。千田是也さんの長唄なんてお聞きできた人って、あまりいないのではないかな？

奥様の岸輝子さんがリボンで髪をお下げに結んでいらしったのを覚えています。

ミチオ先生は珍しいアメリカの話をたくさんしてくださいました。

「モテル」といって自動車ごと泊める宿屋のこと、つまりオートモビルとホテルとを引っかけて「モテル」というのだということや、だいたいどこのうちでも、毎日氷屋さんが氷を持ってくる冷蔵庫じゃなくて電気冷蔵庫を使っていること。また、どこの家でも自家用の自動車があって、女の人でもどんどん運転をしていることなどを話してくださいました。

あたしはミチオ先生にお目にかかるのが本当に楽しみでした。あたしの考えたこともないような新しいことをたくさんたくさん聞かしてくださいましたもの。

ニューヨークのカーネギーホールで雅楽の「越天楽《えてんらく》」を近衛秀麿の指揮により初めてミチオ先生が本格的な舞楽として上演したときのことです。ミチオ先生が踊りを舞い終わったとき、見物が総立ちになってしばらく拍手が鳴りやまなかったということを、奥様のつや子様が目に見えるように話してくださり、あたしは胸がドキドキするくらい感激したのを覚えています。

このイトウ・ミチオ先生はじめ料亭の「雪村」さんのお客様にはあたしをごひいきにしてくださった大切なお客様がたくさんいます。「雪村」という料亭は女将さんが、たいそう新しい考えを持っておられた方なので、お客様も近代的な考えの方が多く集まられたようです。

「雪村」の女将は昔、おゆきさんという名妓でした。曾我廼家五郎という大阪の喜劇役者の夫人としてご夫婦でヨーロッパに行かれ、第一次大戦にあってアメリカに逃げてこられたという経験の持ち主で、この女将さんもその当時の女性としてはすごく翔んでる女性でした。

後年、あたしがオペラのコンサルタントの仕事のためにニューヨークの図書館に参りまして、プッチーニさんのことを調べたことがあります。そうしましたら、プッチーニさんが最初に三浦環《たまき》さんを使ってミラノのスカラ座で「マダム・バタフライ」を上演されたのが、一九〇四年二月十七日（カンパニーニ指揮）で、そのときにバタフライの着付け、髪形などを指導したのが「ミセス・ユキエ・ハヤシ」すなわち「雪村」の女将さんだということを知りました。

だからヨーロッパのオペラ史にこの女性のお名前がハッキリ明記してありまして、思いがけなくもあり、たいそう嬉しゅうございました。

「雪村」のお客様では、まず小倉清太郎先生。お医者さんなのですが、ボルネオの奥地に行かれてオランウータンを連れて帰ってこられたので有名でした。

今でいうサファリルックにヘルメットで鰐がヒョイヒョイ顔を出すジャングルの中の川を小舟で渡ったり、オランウータンのお手々を引いてお友達みたいに一緒に歩いたりなさったそうです（チンパンジーは愛嬌がありますが、オランウータンというのはあまり可愛い動物じゃないけれど）。

この先生が「雪村」の女将さんにあたしが英語の学校に行っていることをお聞きになると

「喜春ちゃん、朝学校へ行って夜こうやって働いているんじゃァ眠いだろう？　学校で居眠りが出ないかい？」

とお聞きになりました。

「ナポレオンさんか喜春ちゃんかと言われているんだけど、本当はとても眠くて困るときもあるんです。三時間目くらいにストンと引っくり返るくらい眠いときもあるの」と申しましたら

「ヨシ、明日いいものを届けてあげよう」とおっしゃいました。

次の朝、一見練り歯磨きみたいにチューブに入っている、絞り出しのものを十個わざわざご自身で持ってきてくださいました。それは、今で言うインスタント・コーヒーです。お茶碗の中に絞り出して、熱湯を入れると、とても香りのよいコーヒーになります。

「なくなったら、すぐまた持ってきてやるよ」

とおっしゃってくださいました。本当に嬉しかった。

このコーヒーは「アラブ・コーヒー」といいまして、これをちょっと濃くして一杯呑んでから学校に行きますと、決して眠くはなりませんでした。今考えると、インスタント・コーヒーがもう五十年も前にあったということです。今の若い方には思いがけないことではないでしょうか？

もうひとつ、ありがたいことがありました。その頃の「ジャパン・タイムズ」の社長の芦田均様が、「雪村」の女将さんからあたしが英語を勉強していることをお聞き

になって、毎日、三年間「ジャパン・タイムズ」を無料で入れてくださったのです。その頃は英字新聞なんてたったひとつでしたから、きっとお値段も高かったでしょうに…三年間ちゃんと入れてくださいました。

初めは読めないところばかりでした。でも赤い鉛筆で印をつけて置いたり、切り抜いたりして、帝国ホテルの須賀さんや夜お座敷でお目にかかる外人のお客様にお聞きしたりして、二年くらいたつと、よく意味がわかるようになりました。ほんとうにありがたいことでした。美しい奥様とご一緒にお目にかかるたびに芦田様はあたしが小石を積むように英語がわかってきて、送っていただく英字新聞が少しずつでも読めるようになることを、とても喜んでくださった。

その当時の日本郵船の社長の大谷登様もお客様の一人です。この方はあたしのことを

「ツータンカーメン」

とお呼びになるのです。あたしの顔がツータンカーメンが島田を結って出てきたような顔だとおっしゃるわけです。大勢のご宴会でも大きな声で

「ツータンカーメン、ここへおいで」

なんてお呼びになるのです。その頃は、いったい何がツータンカーメンかわかりま

せんでしたが、四十五年もたってから初めて本物のツータンカーメンを見まして、これが島田を結ったらどんな顔になるのかしら、と一人で笑いだしたものでした。

国際汽船の黒川新次郎社長にもたいそうごひいきになりました。ご子息のお嫁さんが音楽家で、いつもお嫁さんのご自慢をしておられました。

宮中の御歌所の寄人《よりんど》というのでしょうか、千葉胤明《たねあき》先生や帝大の辰野隆《ゆたか》先生にはずいぶんあたしの知らないことを教えていただいたものです。

久保田鉄工の久保田静一様、大蔵省の長沼弘毅《こうき》様、そのお友達で、のちに国立がんセンターの総長になられた塚本憲甫《けんぽ》様、大日本航空の小池武夫さん、タイガー計算器の新《あたらし》順さん、本当になつかしい方のお顔がはっきり目に浮かびます。外務省、観光局、新聞社の方はいつもお目にかかっていましたからどなたもなつかしい方ばかりです。

教育もない、何もわからないあたしがこうして毎日アメリカでも日本でも楽しく暮しておられますのは皆、その頃のお客様のおかげです。

その頃、あたしたちが月に五円（今の一万円くらい）ずつ出しあって「モナミ」で集まって脳味噌の運動というか、お昼を食べながら好きなことを言ったり、相談したりする会をやっていました。

小林千代子さん（レコード歌手）
土屋の隼《じゅん》ちゃん（若手の外交官）
市川段四郎さん（今の三世猿之助さんの父上）
古川ロッパさん（古川緑波、コメディアンですが男爵の息子さんです）
岸井のアーちゃん（岸井明、すごく大きな身体の歌手兼コメディアン）
それに喜春でした。
政則《まさのり》さん（段四郎さんのこと）は歌舞伎の将来を語り、お千代さんは何とかフランスのシャンソンまで日本の歌謡界を引き上げたいとか、隼ちゃんは天下国家を憂え、ロッパさんはもっぱら日本のコメディの将来を語り（今考えると、ロッパさんや岸井のアーちゃんは、ミュージカルのことを考えていたのです）、喜春は隼ちゃんの次くらいに日本の将来を憂いて、そんな話をしていると三時間くらいはすぐたっちゃった。何しろ五円の会費ですから、いくら「モナミ」の二階だってそうそう追加はできません。お水ばかりガブガブ呑んで、勝手に天下国家を論じていました。
ただ五円の会費でも、ロッパさんと岸井のアーちゃんは「モナミ」の定食（スープ、サラダそれにハンバーグのときもビフテキのときもあります。フルコースです）が終わりますと「さァ、喜春ちゃんとこへ行ってお茶漬け食い直そうよ」なんて、わめくのです。

隼ちゃんと政則さんが相談して、とてもあの「モナミ」の定食じゃ、あの二人は足りないからということで渋谷のロシア料理を見つけてきました。今度は同じ五円でもすごくボリュームがあるというのです。

まず、ゴトゴトのロシア・スープ。大きな鉄の串にお肉や野菜をさしたもの。それにピラフというのか、干しぶどうやいろいろなものが入ったまぜご飯みたいなもの。

すると、アーちゃんは
「心配するな、自前で食べるから」なんて、スープを二杯おかわり、串焼（バーベキュー）も四串ずつ、そのあと、ご飯もおかわり。お二人とも、さすがにニコニコして外へ出ました。とたんにアーちゃんが
「やっぱり喜春ちゃんとこでサラサラとお茶漬け食おうよ」

これじゃ同じことだと皆で大笑いしました。ロッパさんもアーちゃんも今の高見山さんくらい大きかったのです。

とにかく、若いということはよいことで、外交官も役者も歌手も芸者も皆、夢を持っていました。特にあたしがいちばん若かったから皆に可愛がっていただきましたけれど、今考えるとずいぶん生意気なことを言ったのじゃないかな？

その頃面白いことがありました。阿部定の事件の日（昭和十一年五月）です。木挽町の「桑名」というお茶屋の女将さんがお芝居の帰りで、タクシーに乗って昭和通りのところを通りかかりました。女将さんはその頃、三十六、七の方でした。ちょうど夜になって阿部定を逮捕するために警視庁が非常警戒をしていました。何か大きな捕物のあるときは「警視庁」と書いた高張提燈をたてて通行人や自動車をいちいち止めて尋問するのが習いでした。

阿部定という人もちょうど同じような歳格好の方で、たいそう美人とのことでした。

「桑名」の女将さんが自動車を止められて

「お名前は？」

と聞かれたときに

「はい、阿部貞子です」

と答えたら、何が何だかわからないうちに警視庁に連れて行かれました。

女将さんのお名前が「阿部貞子」さんだったのです。「名前を聞かれて自分の名前を言っただけなのに」と女将さんは嘆いていました。

その頃、北京から、王蔭泰という方がよく見えました。

素晴しい好男子で、サァその頃五十歳くらいの方とお見受けしました。北京や天津あたりの政界の大立者というような方だったようです（実業部総長というお役目を名乗っていられたのを覚えています）。宴会ばかりでなく、お昼の食事に帝国ホテルにお招きを受けて八千代子ちゃんや桃子ちゃんと一緒にうかがいました。

帝大の独法をお出になった方で、日本人と同じくらい日本語をお話しになりました。北京語で演説をなさったのは「椿山荘《ちんざんそう》」だったかしら、とにかく、何て美しい言葉かと心を打たれるようなスピーチでした。正しい北京語ってとてもきれいです。

北京にお帰りになってから何度かご招待を受けました。お手紙はとてもきれいな筆跡で「文字の国」と言われるだけあってお手紙の字の一字一字がお手本にしたいような字であったのを覚えています。日本に来られるときには、何かしら珍しいものを持ってきてくださいました。

「玉《ぎょく》」というのでしょうか、めのうのようなものや、ひすいの玉《たま》（簪や帯留めにして使わせていただきました）、また支那緞子《どんす》のえんじの地に手刺繍で花や鳥の刺してある生地は帯にしてしめて、皆にとてもほめられました。

「秋の北京は世界一だ。ぜひぜひ来るように」

とおっしゃっていただき、あたしは行きたくてたまりませんでしたが、祖母が「支那なんかに行くと殺されてしまう」と申して頑として許してくれませんでした。

大東亜戦争の間に不幸な亡くなられ方をしたと聞いておりますが、あたしは中国の方はこの方より存じあげないので「支那のインテリの紳士とは、何て素晴しい方なのだろう」という印象だけがいつまでも残っております。

思い出に残っている方はまだまだあります。

デトロイトの新聞社からグエン・デュウさんという女の記者が来られました。女の方なのにたいそう辣腕な記者で男の方たちもこの方には一目置いておられたようです。

この方ととても仲よくなり、いつもご一緒に買物に行ったりしていました。

彼女のお洋装をあたしが着て、あたしのお座敷着をグエンさんが着た写真が残っています。

この方は戦後再び来られまして、あたしがとてもお世話になるのですが、戦争の始まる少し前に自動車事故で、お顔の半面をメチャクチャにされてデトロイトの病院で整形手術されたとのことでしたが、戦前のお顔を知っているあたしにはとても痛々しいことでした。

昭和十四、五年になりますと、外国からのお客様はしだいに少なくなりましたが、少し前に来日され、このあとズーッと残っていた方にヘッセル・ティルトマンさんとおっしゃる英国の記者の方がいます。戦中に一時帰国されましたが、再び来日して、そのままズーッと亡くなるまで日本におられました。

のちに天皇陛下に勲章をいただいたというのが何よりのご自慢で、九十歳近くまで帝国ホテルに住みつかれて、この方にも戦後たいそうお世話になりました。帝国ホテルの前で撮ったご自分のお写真の後ろに
「電話をぜったいにくれない娘喜春、１９３７」

と書いてありますが、あたしとしてはホテルに電話をかけてこの方と二人きりで逢うなんてちょっと気づまりで、一度もお電話しませんでした。

とにかく、この方の書かれたご本にあたしのことが、写真入りでたくさん出てきます。

一九三八年くらいに出たご本でしょうか？

松井翠声ちゃんが
「ウワー、すげえ！　喜春ちゃんと天皇陛下と一緒の本に出てるよ。ティルトマンにしたら喜春ちゃんに夢中だったんじゃねえか」

なんて冷やかされましたが、どうもあたしにはそんな気配はちっとも感じられませんでした。

たいそう厚いご本で中野五郎さんが訳されていたと思いますが…。

お化粧しているところから着付けをしてお座敷に行くところまでをあたしの家で何枚も撮り、ご本の中に入れておられました（口絵写真のお化粧中の写真などがその一部です）。その頃ではとても皇室のお写真と喜春の写真と一緒の本に出ているなんて考えられないことで、著者が外人さんであったから許されたのでしょう。

松井翠声ちゃんでなくともびっくりされた人は何人もおられたと思いますよ。

この方と藤原義江さんと、このお二人だけが帝国ホテルに亡くなるまで住んでおられました。

また、ボストン・ミュージアムのジョージ・エッジェル博士という方もよく覚えております。

とてもやさしい方で、何回か日本に来られましたが、いつもどこのお招《よ》ばれでもあたしが入って行くと抱きしめて
「私の日本の娘」

とおっしゃってくださいました。

日本人の富田様という方がいつもご一緒で、奥様がアメリカの方でした。

この富田様がエッジェル博士の片腕のようなお方でした。戦後、シカゴ、ニューヨ

ーク、ワシントン、ボストンなどで、なかなかたくさんの素晴しい日本の美術品が見られるようになりましたが、戦前まだ誰もあまり日本の美術なんて認めていなかった頃からボストンの美術館には相当よい日本の美術品が行っていたと思います。

その多くは、このエッジェル博士と富田様のおかげだと思います。

出世払い

その頃の新聞記者とお役人とは、とても仲がよかった。外務省付きの若い記者、また大蔵省付きの若い記者なんていつもお役人と一緒に飲んでいました。

築地の本願寺の裏に「川喜《かわき》」というお茶屋さんがありまして、ここには若い人たちがたくさん集まりました。前に登場した方もありますが、もう一度くり返してご紹介しますと、まず、後年テレビの「おはなはん」を書いた林謙一さん（ハヤケンさん）、「都新聞」の粕谷君、詩人の近藤春雄さん（コンパルさん）、後にニューオーリンズの総領事になられた奥田直一さん（仇名は、桃太郎さん）、岩崎栄さん、岩村忍先生、伊奈信男さん（お若いのに、たいそう落ち着いていらっしゃるので伊奈老と呼んでいました）、それに柳沢健様（ヤナケンさん、外務省のお役人なのに詩人）、儀典課長の鈴木九萬様、稲葉正凱さん（春日の局の後裔で子爵でした。この方も外務省の方でした）。そして、ときには、西条八十先生、近衛秀麿さん、紙恭輔さん、大田黒元雄さん、笈田光吉さんなどがよく見えられました。皆、失礼だけれどあまりお金持の方はなかったみたい。だけどそのご連中のお座敷は本当に楽しかった。その頃のあたしはお約束をすませて二、三軒後口《あとくち》を稼いで、それからこの先生方のお座敷に転げこむ。このときの楽しみなこと楽しみなこと。柳沢さんは

「春喜ちゃん、カツ丼取っておいてやったよ」

なんて皆でキャーキャー言いながら、「五万石《ごまんごく》」のカツ丼や「宮川」のメソッコ丼《ドンブリ》（うなぎのキモを親子丼みたいにご飯の上にかけたもの）なんかいただきます。ジェスチャアをやったり、いろいろなゲームをして遊ぶ。福若ちゃん、小いくちゃんや若いのばかりで怖いお姐さんがおられないのも楽しいのです。

皆で鶴見の「花月園」のお化け屋敷に行ったりしました。夏は、お化け屋敷ができて本当に怖いんです。真っ暗な道を歩いていくとトタンに冷たいコンニャクでピシャッとほっぺたさわられたり、井戸の中から恐ろしい声で

「待てー」

なんて呼び止められて、幽霊が出てきたり、お手洗いに行ってヒョイと立ってる人が振り返ると血だらけだったりして…本当に怖いんです。皆キャーなんて悲鳴上げて、小いくちゃんがあたしにかじりついたりすると

「モッタイナイことをするな、女同志かじりつくなんて。今度オバケが出てきたら僕にかじりつくこと」なんて笈田さんから文句が出たりしました。

また、その当時、いろいろなものを「笑《わら》う」ことが流行しました。笑うというのは、いろいろなものをコッソリ失敬して来ることを言います。早くいうとドロボウ（おそく言ってもドロボウかな？）。

でも次の日に返しに行くのです。レストラン「資生堂」あたりへ行って、お塩やコショウの入れ物をたくさん持って来るほど自慢でした。何と言ってもいちばん上手なのは笈田さんで、「千疋屋」で冬の寒いときトンビ（二重まわし）を着た袖の中へ、大きな植木鉢を入れて持ってきちゃった。

「よくマァできたネェ」

と皆にたいそう感心されました。どこへ行ってもすごく早くお皿やお茶碗をパッと笑うのです。次の日、必ず返しに行くのですけれど、「千疋屋」の植木のときは支配人がびっくりして
「よくマァこんな大きいものを…」

とたいそう尊敬のマナコで見られて、マントヒヒの光吉さん大得意でした。

そんな仲間に古川ロッパさん、松井翠声さんなどが加わるともっと面白くなります。

夜半《よなか》にお座敷の帰りのあたしを家まで送ってくださる。五、六人で威勢のいいのばかりでゾロゾロ一緒に歩きますけれど、その道々イタズラをするのです。

産婆さんの看板をはずして八百屋さんの前にかけたり、「中将湯《ちゆうじようとう》」の看板をお菓子屋さんにかけたり、「按摩揉み療治」なんて看板をクリーニング屋にかけたりします。本当に大変ないたずらをして、でもそれが面白くてたまらないのでした。そしてあたしの家の前で

「シンバシ喜春チャン、バンザーイ」

なんて万歳三唱してくださる。五、六人で声をそろえてやるのでご近所で皆ビックリして雨戸を開けて見たり、あわてた人は外へ飛び出てきたりするので、あたしの祖母が

「あの万歳だけは止めていただきなさい」

と言ったくらいです。でも本当に楽しかった。若い記者は皆、大学出たばかりで、大先輩に連れてきていただくわけですけれど、初めからきれいな遊び方を覚えたということですね。

ただ、おかしかったのは、四十五年もたってから、岩村さん、林謙《ハヤケン》ちゃんや奥田さんなどとお話したのですけれど、皆六十円くらいよりサラリーとっていないのに、ど

うしてあんなに築地あたりで、しかも新橋の「川喜」なんかで遊べたかということでした。
「出世払い《しゅっせばらい》」という言葉がありました。「川喜」の女将さんも
「出世払いでようござんすよ」
ということで、けっしてお勘定取りに行ったりはしません。
「きっとヤナケンがときどき払ってくれてたんだよナ」とか
「春日の局のとこ金があるからときどき払ってたんだろ」とか
「コンパルがときどき原稿料が入るからたまには払ってたんじゃねえか」
なんて皆たいそうたよりない。林謙ちゃんなんかは
「オレはぜったいに払ったことないぞ」
なんて威張っていますし、誰もかれも「オレは知らないよ」なんです。結論は「出世払い」ということですね。
若い外務省のお役人が「今払う」とおっしゃっても
「外務大臣になってからいただくわよ」なんてことでした。
「川喜」に川越から来ているお美代ちゃんという若い女中さんがいました。皆が
「川越クン、川越クン」

と、とても可愛いがっていました。林の謙ちゃんに、この川越クンが
「林さん、いつ社長さんになるんですか？」

て聞いたそうです。女将さんが
「社長になったら、お勘定いただくよ」

とおっしゃったらしいのです。その頃は一年に一回、年の暮にお勘定を取りにいったようです。でも、そのときも女将さんがハイヤーで女中さんを連れて、ジョニ黒なんか何本も持って、年の暮のお礼にうかがうくらいのもので、本当に人間の心の置き方が違っていたようでしたね。

「出世払いで結構よ」

と言って大切にしてあげた若い方たちが、二十何年かして大臣になり、社長になったとき初めて
「ここの女将《おかみ》には、うんと世話になったもんだ」

とおっしゃって何十倍もお返ししてくださることをその頃の人たちは信じていましたから…。

「酒場なんかではこの頃じゃ一週間払わなくてもとりにくるぜ」

と皆さん嘆いておられましたが、時勢のちがいですね。

そのことで思い出しましたが、代議士さんになるのも今と昔ではぜんぜん考えがちがっていました。

その頃、誰か知ってる方が代議士になるなんて聞くと「マァ何てお道楽が強いのかしら」とか「井戸塀《いどべい》さんになっちゃうわ」とか言いました。

自分の持っているものは皆はたいちゃう。残るのは井戸と塀だけという意味です。政治家を志すということは自分の持っているものを全部投げ出すことを意味していました。今のように代議士さんになってお金がもうかるなんて誰も考えてもみませんでした。

まったく日本も変わりましたね。たった五十年くらいでこんなに変わった国は世界中にないでしょうね。

ところで、出世払いについてですが、後年、あたしがアメリカに来てからですが、たいそう面白いことを知りました。サミー・デイヴィス・ジュニアの本で読んだ話です（この本は日本でも翻訳が出ていると思います）。

ローレンス・ハーヴェイ、スタンレイ・ベイカー、リチャード・バートン、ジャック・ホーキンスなどという英国の有名な俳優さんたちの下積み時代、仕事にあぶれたこの連中はいつもロンドンのウエストエンドのデンマーストリートにある「エス・アンド・エフ」という小さなコーヒー屋に集まってオダを上げていましたが、この中の誰かが少しでもお金が入るとすぐに仲間を誘って「ホワイト・エレファント・クラブ」に出かける。

この「ホワイト・エレファント・クラブ」というのは最高のクラブで、この連中がスターになってからは、このクラブをとても大切にして皆があらゆる場合にこのクラブを使って恩返しをしました。

何故ならば、彼らが貧乏暮しをしていた頃、クラブはいつも彼らに勘定書を渡すことを「忘れた」のです。しかしこの忘れられたお勘定は今は何十倍以上の額でクラブに払われているとのことです。嬉しいことに日本ばかりではなく英国にも「出世払い」はあったのです。

芝居の通訳

あたしの英語がだいぶ上達してきた頃です。英国の貴族でレディ・ベイトマンという、お歳を召した貴婦人がお孫さんだという十八、九のお嬢様とご一緒に日本に来られました。

今でいうＶＩＰでしょうか。帝国ホテルでもわざわざ犬丸徹三様（犬丸一郎さんのお父様）が電話をくださり、そのご夫人がご自身でゲイシャ・ガールのパーティをなさりたいとのことで「新喜楽」さんで英国大使館の方やその他、外人さんばかり十人くらいのお客様をおよびになりました。帝国ホテルからは犬丸さんもお見えになられ、小文さんが「道成寺」を踊り、とても皆様大喜びなさってよいパーティでした。

皆様に大しぼの縮緬《ちりめん》の風呂敷を桐の箱に入れて記念品におあげになりました。外人さんは皆その場ですぐ箱をあけて大喜びなさるのです。その頃、あたしたち、いただいたものをそこですぐにあけるなんて考えてもみませんでしたから、びっくりしました。それに皆さんすぐに肩にかけたり頭に三角に折ってかぶったりなさったので、日本の風呂敷はスカーフになさるのだということを知って、なるほどと思ったものでした。

もちろん、そうしたＶＩＰには第一級の通訳さんがつくわけです。おひげのピンとがった五十すぎのお爺さんで、とても威張って世界中で英語のしゃべれるのは自分一人みたいな尊大な態度でツンツンする方でした。

レディ・ベイトマンは、あたしを気に入ってくださり、パーティのあとも毎朝電話をかけてくださって、買物のお供をしたり、日比谷公園にお連れしたりしました。

ところが、あたしがレディ・ベイトマンやお孫さんとちょっとでもお話をしますと、いちいちそのお爺ちゃんが通訳しなおしてくれるのです。きっと偉い通訳さんなので、あたしのようなつたない英語は聞いちゃいられないというところなのでしょう。でもレディは

「あなたの英語はブリティッシュ・アクセントでとてもきれいだ」

とほめてくださり、英語を話すチャンスを与えてくださるためになるべくあたしに話かけてくださいます。

あたしとしては会話の勉強になるのですから本当に嬉しくて一生懸命お答えするわ

けです。ところが、その通訳爺《じじ》様はそれが気にさわるらしくて、とてもあたしに辛くあたります。でも、えらい通訳さんなのでこんなに威張るのだと思い、あたしはなるべく下手《したで》に下手に出て、その爺《じじ》様を立てるようにしていました。

でも、小文ちゃんの「道成寺」の恋の手習いで縮緬の手拭いを持って踊りはじめたら

「あれは銭湯の帰りである」

と言ったのであたしはびっくりしてしまいました。

その頃は、ハリウッドあたりでちょっとエキストラをしたとか、船のボーイさんとかが皆通訳さんでまかり通っていたそうで、これはあとのことですけれど、聞いていて冷汗をかくような通訳さんがたくさんいました。

とにかく、そのときは恥をかかせるのは悪いから黙っていましたが、あとでレディに「道成寺」の筋をすっかり話をしてさしあげまして、銭湯の帰りではなかったことを説明しました。

二、三日してまた犬丸さんから

「レディが歌舞伎座に行きたいそうだから喜春ちゃんつきあってやってくれ」とのことです。

あたしは歌舞伎の解説なんて大好きですし、最も得意とするところなのですけれど、またまた、あの爺様《じじ》がついてくるとのことで、マァなるたけ花を持たせてあげよう、だけど、また「銭湯の帰りだ」なんて言われたら困るな、なんて思いながら、でも喜んで歌舞伎にお供しました。

その頃の芝居のことを書きます。

まず菊吉合同《きくきちごうどう》ということで六代目菊五郎さんと中村吉右衛門さんが素晴しいコンビで古いものも新しいものもやっておられました。それに市村羽左衛門（十五世）というたぐいまれな美男子が全盛で、あたしの祖母の年代（その頃六十でした）から我々若い女の子までひっくるめて「助六」や「直侍《なおざむらい》」や「切られ与三」などで、溜息をつかせる存在でした。

この橘屋（羽左衛門さん）と播磨屋《はりまや》（吉右衛門さん）とは声色屋《こわいろや》さんのいちばん取りやすい声柄らしく、どの声色屋さんも橘屋の「お嬢吉三」や「切られ与三」、播磨屋の「地震加藤《じしんかとう》」「佐野次郎左衛門」などは必ずやりました。

声色屋さんというのは、今の声帯模写のことです。夏には隅田川を舟で声色屋さんや新内の流しが流してきます。冬場はお茶屋さんの前をだいたい二人連れで歩きながら流してきます。
夏のこの舟の流しは柳橋や新橋の川に向かったお座敷のお茶屋さんの前に舟を止めて、お客様のご注文に応じてやってくれます。新内流しが来ますと、「金田中」や「蜂竜」の二階から「蘭蝶《らんちょう》」とか「明烏《あけがらす》」とかお客様が声をおかけになります。そうすると新内さんが〽四谷で初めて逢うたとき…とか〽好いた男にわしゃ生命《いのち》でも何の惜しかろ…なんてよい声で語ってくれます。
すみますと芸者がお客様からご祝儀をいただいて懐紙《かいし》に包んで手すりに立ちます。舟からは長い竹棹の先に丸いざるをつけたのをのばしてご祝儀をその中に受けます。
声色屋さんもその通りで、お客様が「六代目の弁天小僧」と声をおかけになると〽知らざァ言って聞かせやしょう…とやります。橘屋の「与三郎」ですと〽しがねえ恋の情《なさけ》が仇《あだ》…とやるわけです。何と言っても六代目さん、播磨屋さん、橘屋さんあたりがいちばん人気がありました。
後年、この声色屋さんの話をしていましたら、若い人が声色屋って何ですか？　と聞きますので
「声色屋ってのは今の声帯模写のことよ」と言いましたら
「声帯模写なんて古いなァ」と言った人がいます。あたしは

「ヘェー、じゃあ今何ていうの？」と聞きましたら

「〝物真似〟っていうんですよ」とのこと。

あたしに言わせると「物真似」とは動作も入るのです。もちろん、浅草あたりで阪《ばん》妻《つま》さんや大河内伝次郎さんの丹下左膳なんか物真似をする人がいましたが、ぜんぜん声色屋とはちがいます。

「真似をするんだから、物真似っていうんですよ」

とその若い人は頑張りますが、あたしにはどうしても納得いきませんでした。今の人にはいくら説明してもその頃の声色屋さんの持つ雰囲気やその芸そのものもわかってはもらえないと思いました。

さァもう一度芝居に話をもどします。あるとき播磨屋さんが柳橋の「柳光亭」さんのお座敷におられました。お客様がちょうど声色屋の舟が来ましたので「播磨屋の〝籠釣瓶《かごつるべ》〟」とご注文を出しました。声色屋さんは何も知りませんので一生懸命やっています。

「うまいね」

播磨屋さんも感心しておっしゃいました。

「ウン、本人がうまいっていうんだから本当にうまいんだ」

とお客様が大喜びされました。

そのときのお客様は、吉右衛門さんを日本一だと思っていらっしゃる大蔵省の長沼弘毅さんでした。長沼さんにはとてもごひいきになり、いつも塚本憲甫さんとご一緒に「金竜《かねりよう》」さんにいらしっていました。長沼さんは播磨屋さんのためにご本もお書きになりました。

幸せなことに絶品だと言われている十五世羽左衛門の「切られ与三郎」、先代梅幸の「お富」、松助の「コウモリ安」、これをあたしは見ています。

もうひとつあたしが忘れることのできないのは、落語種のものなのですが、「らくだの馬さん」を播磨屋さんがやりました。気の弱いくず屋さんが酒乱でお酒が入ると虎狼《とらおおかみ》、人が変わったようになるのです。これが素晴しくて忘れられません。

いつも「先陣館《せんじんやかた》」の「盛綱」とか「太功記」の「光秀」とかすごく武張った立派な役ばかり見つけていましたから、本当にびっくりしたものでした。

その時に荒次郎さん（お顔の長い、個性的な脇役専門の人）の因業《いんごう》大家も印象に残っています。

先代の歌右衛門さんが生きていらしって「桐一葉」の「淀君」を座ったまま（おみ足が不自由なので立つことができず）演じましたが、品のある素晴しい淀君でした。独特のふくみ声で、橘屋さんの「石田三成」とのやりとりもまだ耳に残っております。

六代目菊五郎さんは、あの低音の独特の台詞まわしで、その頃とても太っておられたのにキリッとしたよい男ぶりでした。

そして、ジャン・コクトーをびっくりさせた「鏡獅子」なんかも素的でしたが、「道成寺」でも「藤娘」でも「羽根の禿《かむろ》」でも、この方のときは大道具を大きく大きくして、少しでも音羽屋さんを小さく見せるべく舞台装置を考えていました。

大きな門松の向こうから可愛い禿《かむろ》が出てきて「宵は待ち」を踊ったり、大きい藤の房が下がってる藤の木の下で、塗り笠をかしげて出てくる可憐な藤の精、眉毛をチョンと八の字にしてあどけない童顔の女の子が音羽屋さんとは信じられないくらいです。ふだんはニッカボッカにハンティングをかぶって何よりのお道楽は狩でした。

とにかく、その頃、約二十五貫（百キロ近く）もあった音羽屋さんのために、すごく大きな大道具を使って、彼を小さく可憐に見せるという歌舞伎では初めての試みが大成功したと思います。

後年、昭和五十八年のお正月に、ブロードウェイで「CATS」というミュージカルが毎日、切符が売り切れるほどの大当たりをしていました。

そのひとつの理由は、舞台装置が猫の目から見た人間の生活なので、椅子もテーブルもレコードもやかんも全部の大道具が（本来なら小道具なのですけれど）、今までのブロードウェイのどこの芝居にもなかった大きなサイズで、これが大評判になったことです。アメリカ人には初めてだったのでしょう、奇想天外なアイデアだとこの舞台装置家が高く評価されています。

あたしはアメリカ人の友達に

「あんなのちっとも珍しくない。あたしの国では五十年も前にあのくらいのデザインはちゃんとやっていたのだ」

と大そう威張ったのです。

その当時、いつも器用な脇役は男女蔵《おめぞう》さん（あたしたちは荒川のお兄さんと呼んでいました）です。この方は男でも女でもお婆さんでも若衆でも何でもこなす方でした。河原崎長十郎さんと中村翫右衛門さんが、前進座を始められ、タテ女形《おやま》には河原崎国太郎さんがなられたのもこの頃です。国太郎さんは「プランタン」というあたしたちがよくうかがったレストランの息子さんで、お父様が絵描きさんでした。

この国太郎さんに、あたしの親友の小栄竜ちゃんが夢中でしたが、とうとうこの二人はどちらの側も反対が出て、一緒になれませんでした。国太郎さんの美しい女形ぶりはあたしが見ても溜息が出るくらいでしたから、小栄竜ちゃんが夢中になるのもムリナイワとよく思いました。

その頃の左団次さんと松蔦《しょうちょう》さんの「鳥辺山心中」も忘れられません。高麗屋《こうらい》幸四郎さん（現幸四郎さんのお祖父様）の「勧進帳」、これは立派で「延年の舞」なんかそんなにふだんは大柄な方ではないのに、舞台いっぱい、大きな大きな方に見えました。「飛び六法」なんかもこの方のは素晴しかった。

先代梅幸さんの「鬼女」、高麗屋幸四郎さんの「渡辺の綱」で「綱館《つなやかた》」なども見ています。

長唄は栄蔵《えいぞう》さんがパッパッとばちを上げてお弾きになるのが印象に残っています。清元は延寿太夫さんで、六代目とのコンビで「保名《やすな》」なんかこれまた素的でした。

それから忘れられないのは、沢瀉《おもだか》屋猿之助さんです。その頃、生きておられた夫人、今の猿之助さんのお祖母ちゃまにあたる方ですが、お若いときにとてもあたしに似ておられたそうですが、この先代猿之助ご夫妻には、たいそう可愛がっていただきました。

お正月なんか築地のお宅にお年始にうかがって、そのままひっかかってしまい、お座敷は皆お断わりして遊ばせていただいたりしました。

ですから、段四郎さん（今の猿之助さんのお父様）は「マサノリちゃん」であり、沢潟屋ご夫妻もマサノリちゃんもあたしのことはズコちゃん、ズコちゃんと呼んでおられました。あたしの本名の「和子」のカの字をとってズコとマサノリさんが呼びはじめましたから。

この父子《おやこ》の「二人三番叟《さんばそう》」これはまったく父子がそっくりで、踊っているうちにどちらがどちらかわからないみたいでした。

高杉早苗さんと結婚なさってご長男（今の猿之助さん）がお生まれになったとき、紫の縮緬に金と銀で鶴の刺繍のしたアルバムをお祝いに持っていきました。そのとき、マサノリさんが

「ズコ、今度は父子三人三番叟踊るよ」

とおっしゃった。本当に嬉しそうに…。

関西からも延若さんが見えて「雁のたより」、先代の鴈治郎さんの「紙治《かみじ》」。

その頃の関西の女形さんには梅玉さん、大阪の福助さん、魁車さん、のちに東京に来られた我童さんなど、しっとりとした女形さんが何人かおられました。先代仁左衛門さんの「名工柿右衛門」、これも子供心に夕陽を受けて柿の木のところに立っていた仁左衛門さんの姿、忘れられません。

あたしは祖母が芝居が好きなので、四歳くらいから芝居を見て育ちました。あたし

の年齢で沢田正二郎の「此村大吉《このむらだいきち》」だの「白野弁十郎」なんて見ているのは、あまりいないと思いますよ。

「此村大吉」は忠臣蔵の定九郎のオリジナル・スタイルでこの人からヒントを得て中村仲蔵という名優が忠臣蔵の定九郎を考えついたと言いますし、「白野弁十郎」という狂言はロスタンの「シラノ・ド・ベルジュラック」の日本ものです。

子供のときでしたが、幕切れで沢正《さわしょう》さんが新聞を読むところで「白野弁十郎氏暗殺さる」と言って帽子を取ると、血まみれの頭の包帯が現われ、ハラハラ木の葉が散ります。ロクサーヌは久松喜世子さんで、尼さんの姿をしていました。

新派は花柳章太郎さんが売り出してきたところでした。だいたい、河合武雄、喜多村緑郎、伊井蓉峰という顔ぶれに、ちょうど花柳章太郎さんが出て来られて、喜多村さんのところから出た方なのに、花柳さんはむしろ河合武雄さんのような華やかさがありました。喜多村さんは台詞もとても低くて、地味な芸風の方でした。

そのうちに梅島昇という二枚目が出て来て柳永二郎、伊志井寛、大矢市次郎、そして井上正夫さんがつづきました。それに水谷八重子さんが女形ばかりだった新派に女優さんとして活躍しはじめました。井上正夫さんは水谷八重子さんと「大尉の娘」なんかをやられ、そのうちに岡田嘉子さんを相手役にされて「パパの青春」という面白いものを見ることができました。そのあと岡田さんはソ連に越境されたのは有名な話です。

花柳章太郎さんはもちろん、色っぽい芸者の役など素的でしたが、あたしは花柳さんの立役《たちやく》（男の役）が好きです。「残菊物語」「鶴八鶴次郎」、のちには「皇女和の宮」の「有栖川宮《ありすがわのみや》」なんか本当によかった。

大阪の喜劇も一年二回くらい東京に出て来て、曾我廼家十吾《とおご》はん、そして渋谷天外さんが東京には見られない上方の喜劇を見せてくれました。それまでは、曾我廼家五郎、それに蝶六さんなんて、出て来ただけで笑っちゃうような面白いコメディアンがおられましたが、その人たちがそろそろ過去の人となってきたとき、秀蝶《ひでちょう》さん、桃蝶《ももちょう》さんという女形をひきいて出て来た松竹新喜劇は、東京の人には大受けでした。

秀蝶さんはやさしい女形、桃蝶さんは派手で個性の強い女形、ただ一人、石河薫さんという女優さんが一座におられましたが、大柄な方で女形さん二人を向こうに回しても少しも引けをとりませんでした。

その頃、若いボンボンや学生の役で白塗りの二枚目なのにちっとも二枚目でない青年がよく出ました。藤山寛美という人でした。そうそう志賀廼家淡海さんもよく来られました。「淡海節」の淡海さんです。東京の花柳界でも「淡海節」というのがよくはやりました。

　そのうちに、若手がそろって新しい劇団を造りました。もしほ兄さん、高麗蔵《こまぞう》さん（のちの団十郎さん）を筆頭に鶴之助さん（のちの富十郎さん）、段四郎さん、芦燕さん、高麗五郎《こまごろう》さんもおられたと思います。そしてもしほ兄さんの「静《しずか》」と高麗蔵さんの「忠信《ただのぶ》」で「吉野山」をやったり、新宿の第一劇場に移ってからは菊池寛先生の「夫の貞操」をやったりしました。鶴之助さんが豊満な肉感的な女性をよくやられました し、あたしはまたこの方のセリフが甘くてとても好きでした。

　軽演劇というのが出てきましてエノケンさんや二村《ふたむら》定一さんが浅草ではじめられたのが、そのうちロッパさん、徳川夢声さん、大辻司郎さん（皆、漫談、声帯模写などから出てきた人たちです）、それに柳家金語楼さん（だいたい落語家《はなしか》さんでした）エンタツ、アチャコさんなども加わり、喜劇は浅草ばかりでなく、丸ノ内にも進出してきました。

　すっかりお芝居の話になってしまいましたが、また元の英国のＶＩＰのお客様の話に戻りましょう。

　レディ・ベイトマンのお供をして歌舞伎に行きますと、ちょうど六代目さんの踊りの始まるところでした。「浅妻《あさづま》」から引きぬいて「鳥羽絵《とばえ》」になります。長唄の置唄《おきうた》がすみ、チョンと浅黄幕《あさぎまく》が下りますと、水色の水干《すいかん》を着て烏帽子《えぼし》をかぶった美しいお姫様のような六代目さんが鼓を持って舟の中に座っています。

「オオ、ビューティフル、ビューティフル」

とレディは大喜びです。その偉い通訳のお爺様が

「ナンバーワン・カブキダンサー・イン・ジャパン（日本でいちばんの踊り手である）」

なんて説明していました。

菊五郎さんはふっくりとした丸顔なので、とても男とは思えない。やがて水色の水干の袖をひるがえして中啓《ちゅうけい》を持って踊りはじめると、レディもお孫さんも

「ワンダフル、ワンダフル」

と連発しています。

やがて終わって暗転になりました。そして、真っ暗な中で清元が始まります。四分くらいしてパッと場内が明るくなりました。「鳥羽絵」です。

これは汚い汚い山出しの下男が、おふんどしひとつで、短い襦袢の前を窮屈そうに合わせて、一升ますを持って出てきます。毎晩出てくる鼠を追いかけているわけです。先刻の美しいお姫様とは似ても似つかない汚いオッチャンです。レディ・ベイトマンは

「フウ・イズ・ヒイ？（あれは誰か？）」
　と聞いておられます。通訳はプログラムを一生懸命ひろげています。そして、ポケットから老眼鏡を出して首をかしげては見直しています。やがて
「ウーム、これはプログラムのミスプリントである。ここに菊五郎と書いてあるが、これは印刷のまちがいだから、あとですんだら調べてお知らせする」
　と言うのです。あたしはカッと来て思わず
「印刷のまちがいですって？　冗談じゃないワヨ。あの美しいお姫様が四分くらいでこんな汚い山出しの下男になる。これが菊五郎の偉大なところなのです。よくこの踊りを見てください。とても同じ人とは見えないでしょう？　これがこのショウの最大のポイントで彼が名人であることの証明になるとお思いになりませんか？」
　と一席ぶってしまいました。通訳氏は
「ハァー、さっきと同じ人かね、とても信じられん」
　と今度は日本語で言いました。あたしは通訳氏に
「そこが六代目さんのえらいところなんです」と自分のことのように威張って言いました。レディ・ベイトマンは感極まってもう口もききません。ただ食い入るように見ています。

この踊りはコミカルな面白い踊りで、この汚い田舎者の下男に鼠が思いを焦がすのです。鼠のぬいぐるみを着てしっぽを持って鼠が色っぽいしぐさをするので本当におかしいのです（このとき鼠は男女蔵さんがやっておられたと思います）。

後年のことです。アメリカのカーテューンで、チャーリー・ブラウンというのがあり、スヌーピーという犬が出てきます。この犬は人間の感情を持ち、人間の言葉をしゃべります。七年くらい前にこの「鳥羽絵」をアメリカ大使館の方たちに解説したとき、このアメリカのカーテューンの例をとって話してたいそうほめられたことがありました。

とにかく、幕の下がるまでレディは本当に息をつめるようにして見ておられましたが、終わりますとすぐに通訳のおじさんに帝国ホテルの花屋さんに電話をかけさせました。

ちょうど休憩《インターミッション》の二十五分くらいあとに花屋さんから素晴しいピンクと赤のバラの花束が届きました。二つとも抱えきれないくらい大きな花束です。そして、赤いバラには真紅の、ピンクのバラにはピンクのサテンの幅の広いリボンが長く結んでありました。

レディ・ベイトマンが赤い花束を、お孫さんがピンクをそれぞれ抱えて、六代目さんの楽屋に行って逢おうというわけです。しかし、そうなるといくら偉くても通訳のオッチャンには手が出ません。あたしが六代目さんの番頭さんの牧野さんにお願いして

「英国の華族さまなのだけれど今の踊りにすっかり打たれてどうしても一言だけありがとうっておっしゃりたいのですって」

と伝言してもらいました。もちろん六代目さんは喜んで

「すぐ連れておいで」

と言ってくださいました。六代目さんはすっかりお化粧を落として「ヨキコトキク」の浴衣を着て楽屋で大きな鏡台の前に座って待っていてくださいました。「ヨキコトキク」というのは、ヨキという小形の斧と琴の柱《じ》と菊とを図案化したものです。これは音羽屋さんだけの独得の図案で、「良き事聞く」という縁起のいいデザインの浴衣です。

レディ・ベイトマンは

「あの美しいプリンセスとあの汚いサーバントとはいまだに同じ人とはどうしても信じられない。私の一生のうちでこんな素晴しい芸術家《アーティスト》に逢えたことを光栄に思います」

と花束を渡してくださいました。孫のお嬢さんもピンクの花束を渡しました。音羽屋さんも本当に嬉しそうにしておられました。そして、ちゃんと帝国ホテルから写真屋さんが来ていてレディは音羽屋さんと嬉しそうに写真を写されました。それから

「この感激を壊すのはもったいないから」

とそのままホテルに帰りまして、レディのお部屋でコーヒーをいただきながら、お話をしました。あたしは歌舞伎がどうして女優《アクトレス》を使わず女形なのか、しかも面白いことには歌舞伎のオリジネイターが女であったことなどを出雲の阿国《おくに》の念仏踊りの発生から話してあげました。通訳のオッサンはすっかりご機嫌を悪くして早々に帰ってしまいました。

次の日に、林の謙ちゃんや近藤春雄さんのお座敷に行ったとき

「昨日はいったいどこに行ったんだい。原稿料が入ったから盛大に〝プルニエ〟（東京会館のフランス料理店、たいへんに高かったのです）へ行こうと思って電話かけても歌舞伎に行ったきり帰ってこねえンだから」

なんて言われて

「実はね」

と、レディ・ベイトマンの話をしました。あたしは一言多かったのですけれど、つ

い親しいお友達ばかりなので
「第一流の通訳さんともあろうものが、音羽屋さんがきれいなお姫様から汚い下男に早変わりしてまるっきりちがった形の、ちがった個性の踊りを踊る、それがこのショウのポイントなのにぜんぜん知らないのよ。『こりゃあプログラムの印刷のまちがいでキクゴローって書いてあるが、このまちがいは、あとで調べてお知らせします』じゃひどいよね。そうでなくても一昨夜《おととい》は、〝道成寺〟の恋の手習いのところで手拭いを持って踊ってるのを見て『あれは銭湯から帰ってきたとこだ』なんて言うのよ。悲しくなっちゃった。自分の商売なんだからもっと勉強すりゃいいのに…。第一級の通訳が聞いて呆れるヨ」
って言ったのです。そうしたら次の日の「都新聞」に
「通訳さんの不勉強、喜春ちゃん怒る」
なんて出てます。アレッ、と思ったけど、たしかにあたしが言っちゃったのだからしかたがない。謙ちゃんかコンパルが誰かに言ったナと思ったけど、もう万事遅すぎる。ちゃんと活字になっちゃったのだから…。
そして、次の日、あたしがお約束に行くしたくをしていますと、電話がかかってきました。女中のふみやが

「何だかすごい見幕ですよ。喜春を出せって…」
ふみやは気の小さい子ですから青くなってます。あたしが出ますと
「五時までに帝国ホテルの正面に来い。話したいことがある」と言うので
「あなたどなた？」と聞きますと
「通訳協会の者だ」というのです。
「逃げたら承知しないぞ」なんてすごんでいます。
「逃げるわけはないでしょう、行きますよ」
とは言ったけれど祖母たちにはあまり心配かけるのもいやで、いつものようにお約束に行くのと同じ調子でしたくをしました。箱屋の半ちゃんが着つけに来てくれましたので、出がけにそっと
「あと十分くらいしたら帝国ホテルの正面に〝大清〟（人力車の帳場のたまり）の若い衆三人くらい連れて来てちょうだい」
と言いました。半ちゃんは心配して
「何ですか、何ですか」と聞くので
「何でもないけど、とにかく、お祖母ちゃんたちには黙ってて」
と言うと万事心得たと、胸を叩いて見せました。

「遠巻きに反対側に立ってて、あたしが手をあげたらすぐ皆で来てね」
と言い置いて家を出ました。帝国ホテルの正面で車を下りますと、背広をちゃんと着た若い男の人が五人立っていました。そしていちばん背の高いのが
「お前さん、喜春だナ」と言いました。
「エエ、何のご用なの」と聞きますと
「とにかく余興場の前の空地へ行こう」と言います。
その頃、帝国ホテルの裏に余興場がありまして、その前に空地がありました。自家用車の駐車場になっていました。
「ここじゃ話できないんですか？　どうして余興場の空地なんかへ行くんですか？」
と聞くと
「ここじゃ人通りが多いからダメだ」と言います。
「あなたがた、いったいどなたなの？」って聞くと
「オレたちは通訳協会のメンバーだ」
とノッポが言いました。すると、太った丸っこいのが
「オイ、オメエ、ずいぶん俺たちに赤っ恥をかかせてくれたナ」
ノッポが

「レディ・ベイトマンの通訳しているのは俺たちの先生にあたる人だ、オメエみてえな娘《あま》っこに、ここまでなめられて黙って見ちゃいられねえからナ」

ズングリが
「オメエ生意気だ、今日はヤキを入れてやるからナ」

あたしは聞いているうちにプンプン腹が立ってきました。

「不勉強だから不勉強だって言っただけなのに何が悪いのよ」

丸っこいのがいよいよカッカして
「言いやがったナ」

ノッポは
「とにかく空地へ行こう、ほら人がジロジロ見るじゃないか」

そりゃそうです。若いお座敷着の女の妓《こ》を真ん中にして大の男が五人もかこんでですごんでいるんですもの。人だかりがしそうになってきました。ヒョイと向こう側を見ると半ちゃんと「大清」の若い衆が三人やってきました。そうなると気が強くなってきます。

「だいたい、長唄の〝道成寺〟の踊りを銭湯の帰りだなんてバカなことを言うのがあんたたちの先生なの？　六代目さんの引き抜きも知らないで一流の通訳も聞いて呆れるワ。あたしなんか朝学校へ行って、お昼お稽古に行って、夜働いて四時間しきゃ寝ないで勉強しているのよ。自分の商売ならもっと真剣に勉強すりゃいいじゃないの。それを何よ、あたしのどこが悪いの？　どこが生意気なの？」

言っているうちに口惜しくて悲しくてアーンアーンと手離しで泣き出してしまいました。どんどん人がたかりはじめました。五人とも、ちょっと格好がつかなくなってきたようです。女の子がアーンアーンと泣いているのに大きな男が五人でかこんでいるのですから。弥次馬は

「何だ何だ」

なんて集まってきます。半ちゃんたちは向こう側ですぐ行こうか？　もうちょっと待とうか？　という感じで立っています。そのとき、ホテルの中から出てきた人がいます。

「どうしたの喜春ちゃん」

それはフロントの須賀さんです。この須賀さんて人は素晴しい美男子です。

その頃、上原謙とか佐野周二とか有名な映画俳優がいましたが、とてもとてもこの人にはかないません。英語はペラペラですし、背は高いし、本当に美しい顔の人です。日本の男性の中でこのくらい美しい顔の人はおよそあたしの一生には出てきませんで

した。
ハリウッドの有名なプロデューサー、セシル・B・デミルが見染めて、ぜひハリウッドによびたいといわれたけれど、家庭の事情で行けなかった人です。シャリアピンさんのときでもジャン・コクトーさんのときでも、今度のレディ・ベイトマンのときでも、いつも帝国ホテルのフロントからお部屋に取り次いでいただくので、この須賀さんとは前から仲がいいのです。
「外国ではクリスマスカードを日本の年賀状のように送るのだ」とか
「特に戴物をしたり、ごひいきになった外人さんの住所はちゃんとリストを作ってとっておきなさい」
とかいろいろ教えてくださる大切なお兄さんみたいな方なのです。本当に幸せなことでした。その彼が出てきたのですもの…。通訳五人男はもちろん須賀さんとは顔馴染みで
「エート、ソレガネ」
なんてちょっと困っています。あたしは須賀さんの顔を見たら、ホッとしてもっと悲しくなって
「この人たちがね、あたしを生意気だって…余興場の空地へ連れてって袋叩きにする

んだって…」

言ってるうちにますます悲しくなって「エーン、エーン」ともっと泣きました。須賀さんは

「君たちもおとなげないよ、こんな女の子一人を五人の男が袋叩きもないもんだ」

須賀さんも新聞は読んでいるらしく、結局は

「喜春ちゃんの言う通り、僕もふくめて、たしかに英語がしゃべれるだけじゃ通訳とは言えないんだよなァ、マッタク、不勉強きわまりない奴が多いんだからこりゃ袋叩きどころか皆少し勉強しようじゃないか、日本のことをサ」

泣きながらあたしは須賀さんの美しい顔をボオッとして見上げていました。五人男は

「マァ、今日のところは須賀さんにおあずけして」

とか何とか一生懸命てれかくしに強がって

「オイ、須賀さんの顔を立てて今日は許してやる」

なんて言ってとたんにズングリがタクシーを止めると

「オッ行こう」

なんて須賀さんにちょっと頭を下げて、五人ともヤァなんて手を上げてタクシーの

中に乗りこんで行ってしまいました。まわりの人が「どうしたんです、どうしたんです」なんて聞くので
「いや何でもありません」
なんて須賀さんは赤くなって
「喜春ちゃんあんまり派手に泣くなよ」
と言いながらハンカチをポケットから出して渡してくれました。半ちゃんたちが走りよって来ました。須賀さんが
「通訳さんたちが知らないことを喜春ちゃんが知ってるので、皆やっかんで生意気だと言って逆恨みをしたわけで、皆で集まって因縁をつけようとしただけで…」
なんてうまく説明してくれました。半ちゃんは
「何しろこのお姐さんは（どんな若いチンコロ姐ちゃんみたいなあたしでも出入りの箱屋さんはお姐さんと呼んでくれます）たいした勉強家ですからねェ。朝学校へ行って勉強してくるてんだから…。もうこの頃じゃアメリカの英語だって、フランスの英語だって、ドイツの英語だってペラペラだってんだからそりゃあもう偉いもんで…」
なんてやりはじめました。須賀さんは
「ウン、そうだそうだ」

なんてニヤリニヤリ笑っておられて「大清」の若い衆たちはただただ尊敬のまなざしであたしを見ていました。

というようなわけで、一件落着。

警察からの呼び出し

吉住さんの長唄のお稽古の最中に奥様の博子さんが
「喜春さん、お宅からお電話よ」
と呼んでくださいました。階下に降りて電話に出ますと、祖母が
「何だか警視庁から呼び出しなのよ」と言います。
「警視庁?」
あたしは何が何だかわからず
「警視庁がどうしたのよ?」
と言いますと、祖母は
「明日の十時までに警視庁に出頭しろというのよ」と申します。
「へェー、あたしがどうして警視庁に出頭するのよ?」
と言うと、祖母は

「喜春という芸者に外事課の堀川第二課長のところまで十時に来るようにって…何だか感じの悪い、威張りくさった電話だったよ。とにかく、明日は、お稽古にはうかがえないからお師匠さんにお断わりしてきなさい」

その頃のお稽古は毎日です。一週間に一度とか火曜日と金曜と週二回だけなんてことはありませんでした。それで、吉住さんには

「明日ちょっと用事がありまして休ませていただきます」

とお断わりをして帰ってきましたが、でも、どうしてあたしが警視庁に呼ばれるのかしら、と不思議でなりませんでした。家に帰ってから女中のふみやが

「先日ご隠居様がお財布をすられましたね。あれが出てきたんですよ。きっと…」

と言い出しました。一週間くらい前に祖母が浅草の観音様にお参りに行ってお財布をすられたことがありました。

「アァ、それが出てきたのかしら?」

とは言いましたが、どうしてあたしが呼び出されるのか、だいいち、外事課なんてところでスリなんて関係がないみたいだけど…。あたしとしては何とも納得のいかないことでした。

次の日は晴れて、とても気持ちのいい日でした。警視庁の中なんて、なかなか見る

チャンスもないから中を見物してくるのもちょっと面白いかな、なんて持ち前の好奇心を発揮して、あたしはお嬢さんらしい、黒とえんじの絣のお召に、あずき色の羽織を着て出かけました。

桜田門のところに来ますと、お天気のいい日なのでお堀端には大勢の人が出ていました。

いよいよ警視庁の入口から入ったものの、どっちへ行ったらいいのかわかりません。「受付」というのが正面にありましたので、外事課の第二課というのに行きたいと申しましたが、制服を着ている受付の人がとても怖いくらいツンツンしています。ちょっと心細くなっていると

「階段上がって左側の四つ目のドアだ」

と、面倒臭そうに言ってくれました。階段のところまで行くと、若いお巡りさんが上から降りてきました。そして、親切に、またご自分も一緒に階段を上がって「外事課第二課」という札の出ているところまで案内してくださいました。

若くて、なかなかりりしい、いい感じのお巡りさんでした。受付の人がひどく不愛想なので、なおこの若いお巡りさんのやさしさが嬉しかった。こういう人が今に警視総監になるのだワ、なんて思って、お名前を聞かなかったことがとても残念だと思っ

たものです。
サテ、そのドアをノックしますと
「ドアはあいてるぞォ」
と中から声がしました。ドアをあけますと、あまり広い部屋ではありません。正面に一人の男の方が机の上に両足を乗っけて腕を組んで座っておられました。
そして、あたしがドアをあけておじぎをしますと
「お前が喜春という芸者かァ」
と足を机の上に乗っけたまま実に横柄《おうへい》に言いました。やせた、目のくぼんだ、それでいて目の鋭い何とも感じの悪い方です。あたしがちょっと立ちすくんでいると
「じっと立ってないで、こっちへこい」
と言いながら、冷たい目付きで頭のてっぺんから足の先までジロジロと見上げ見下ろすのです。そして、あげくのはてに
「お前は、なんぼ前借《ぜんしゃく》があんだァ？」
と聞きます。あたしはあまり思いがけない質問に、ちょっとひるみましたが
「前借なんてありません」
と言いました。すると

「嘘をつけい」
と一喝されました。そして重ねて
「抱え主は何ちゅう名だ？」と聞きます。
「抱え主なんてありません」
と答えますと、また
「嘘をつけ、本当のことを言え、本当のことを」と、また大きな声でどなられました。
「お前のような若い芸者が前借もない抱え主もない、そんなバカなことがあるかっ」
と、こうです。
あたしは、こういうわからず屋には、どうやって説明しようかとちょっと考えましたが、なるたけわかりやすいように
「あたしは自前芸者と言いまして、自分で家を持ち、自分で組合の株や新橋演舞場の株を持っておりまして、あたし自身が主人ですから、年齢には関係なく抱え主なんてなくても自分で営業できる立場でございますから、したがって前借なんてありません」
と答えました。この課長様は若い芸者は皆、前借があって丸抱えなのだと思っているようです。あたしの説明を聞き終わると課長様ニヤリと笑って
「そんじゃァ男と寝たら全額が自分のほところに入るちゅう身分ちゅうわけかァ」

いよいよおっしゃることが品が悪い。何だか話せば話すほどとんちんかんでどうにもつきあいきれない感じです。

けっきょくはあたしの前に
「これはお前だろう？」

と言って、写真を五枚投げ出しました。それは今で言う「グラマー」な女の人の裸体の写真です。どれも首から下だけです。

今なら何でもないでしょうけれど、その頃、裸で写真を撮らせるなんて大変なことでした。とてもあたしみたいに貧弱な、やせた身体とちがいすごく豊満なバストで、白黒ですけれど肌が白くて、それこそ餅肌の人だとすぐにわかります。

「あたしじゃありません」と言いますと
「白っぱくれるナッ」

とすごい声でどなられました。毎日、罪人ばかり扱っているから、もう誰もかれもが犯罪者に見えるのでしょうか？

だけど、あたしはまだどうしてここに呼ばれて、こんなどん百姓みたいな課長様にどなられているのか見当がつかないのです。

「とにかく、もっとわかるように話してください」

今度はあたしのほうからお願い申し上げたわけです。この茨城弁だか栃木弁だか、何ともひどい訛りのその課長様のご説明によるとこうなのです。

その頃、九段に「野々宮アパート」というアパートが建ちました。エレベーターがつき、暖房もつきという東京でもただ一軒というアパートで、ほとんど外人さんが住んでいたようです。

もうその頃は、そろそろ日本全国ひがみっぽくなってきて外人さんと見れば皆スパイに見えはじめた頃です。

ミスター・ハミルトンというアメリカ人の写真家が「野々宮アパート」に住んでいたそうです。新橋にお招《よ》ばれでくるほどの人ではなかったと見えて、あたしは一度もお逢いしたことはありません。

このハミルトン氏が横須賀だの呉だの軍港の写真ばかり撮るので「スパイ」だというわけです。あたしの考えでは、映画で見たって本当のスパイなら何もわざわざ人にわかるようにヒョコヒョコ写真撮りに軍港ばかりうろつくはずはないと思うのですけれど…。

マァ、とにかく、そのハミルトン氏を憲兵隊がスパイ嫌疑で引っぱって行き、そのあと彼の「野々宮アパート」の部屋を、家宅捜索というのか、すっかり調べたのです。

そうしたら、この裸の女の人の写真が五枚出てきたというのです。
そして、いくらハミルトン氏に聞いても名前を言わない。ただ
「ゲイシャ・ガールで一晩一緒にいただけだから名前は覚えていない」
と言ったそうです。サァ、それから、このゲイシャ・ガールを探せば何か聞き出せるだろうということになりました。ところが、警視庁の誰かが
「新橋に英語をしゃべる若い芸者がいるそうですから、それにちがいない」
「それにちがいない、そいつをたたけば必ず何か聞き出せるから呼んでみよう」
ということになり、喜春さんが呼ばれたわけ。
あたしとしてはこれまた辛抱のできないくらい口惜しい話です。しかもその課長様は
「毛唐《けとう》にこんな写真を写させると、なんぼくらいもらえるんだァ」
なんて聞くんです。あたしは蹴飛ばしてやりたいくらい情なくて
「あたしは鳥のガラって言われるくらいやせているんです。こんな肉体美じゃありません」
と言ったら
「どこまで白っぱくれるんだァ、今夜はゆっくりと泊まってもらって、ブタ箱で事実

肉体美かそうでねえか見せてもらうぞォ」

なんて、なめるようにジロジロ見るのです。

あたしは、もう中《ちゆう》っ腹《ぱら》になってきました（中っ腹というのは「クソッ」と思って居直ることをいいます）。

「よおし、こうなったら、こっちにも覚悟があるぞ、チクショウ！」

思わず心の中でつぶやきました。そして

「お電話かけさせていただきたいわ」と言ったら

「ばかなこと言え！　ここから電話かけさせることは許されていねえ」

とまた、どなられました。そこで

「そんなら、あなたご自分でかけてちょうだい」とあたしは言いました。

「どこへかけるんだァ」と聞かれますので

「首相官邸と外務省よ」とあたしは答えました。

課長どの「ヘエー？」とちょっと不思議そうな顔をしています。

「まず第一に首相官邸へかけて米内《よない》のお兄様に今新橋の喜春という芸者がここに来ていますが、この人間は外人の前で裸で写真を撮らせてお金をもらうような人間かどうか聞いてみてちょうだい」

あたしはくやしくて、真っ青になっていました。

「その次は外務省よ、有田様にも同じことを聞いてみてよ」

当時は米内内閣の頃（昭和十五年の春だったと思います）で外相はたしか有田八郎様でした。

課長殿ちょっとあっけにとられています。

「ア、それからもう一人、今の警視総監じゃないけど、丸山鶴吉さんのところにもかけてちょうだい。同じことを聞くのよ」

この丸山鶴吉さんという名前の警視総監は丸山ハゲチャンと言って、すごく芸者に人気のあった方でした。

前の通訳協会のときには甘ったれて、ワァワァ泣いたりできましたが、今度は涙も出ません。唇がぶるぶる震えます。くやしくて、くやしくて、かみついてやりたいくらいでした。そして、グズグズしている課長様に
「早くかけなさいよ。あなたの目の前に電話があるじゃないの。首相官邸と外務省よ。早くかけなさいってば」

今度はぐっとこっちが高姿勢です。

すると、その課長氏は何を思ったか何も言わずに立ち上がって次の間（洋室で次の

間と言っちゃあおかしいけれど、彼の立ったところの左側にドアがあり、その向こうにもうひとつ部屋があるのです）に行きました。

そのドアをあけて、「山崎さん、山崎さん」と呼びました。すると、今度は茶の背広を着たロイド縁の眼鏡をかけた方が出てきました。田舎者ではなさそうな大学の先生みたいな感じの四十そこそこの方です。そして、しばらくドアのところで課長氏と内緒話みたいにプシャプシャと話しています。それから、また二人で隣の部屋に入っていきました。

あたしは一人で部屋に残されましたが、目の前の写真を手にとってしみじみ見ました。

見れば見るほど、きれいな身体をしています。ただ、あたしが気がついたのは五枚とも皆お風呂場で撮っているのですが、タイル張りのそのお風呂場の彼女の足元に洗い場の床より下がって湯舟があるのです。

だいたいふつうの宿屋さんや待合さんだったら湯舟は床より高くなっていて、またいで入るようになっていますのに、この写真では彼女の足元に湯舟の縁があって、床より一段下がって湯舟があるのです。あたしは思わず

「こりゃ温泉場だワ」

とつぶやきました。やがて、課長氏と山崎さんが入ってこられましたので

「これは、どこか温泉場のお風呂です。温泉場の芸者衆を聞いてごらんになったら…」と言いました。

後日、山崎さんからお電話をいただき

「喜春さんの推理が当たりましたよ。熱海の若い芸者でした。場所は来宮《きのみや》の温泉旅館でした。いろいろ参考になることを聞けて課長も大喜びでした」とお礼を言っていただきましたが…。

さて、また話を警視庁に戻します。

次の間から入ってこられた二人は、またプシャプシャと内緒話です。だけど今度は課長様の態度が一変してしまいました。

「ヤァ、失礼しまして、どうも…」なんて、もう足をデスクの上に上げたりはなさいません。山崎さんもニコニコして一緒に頭を下げて

「まったくどうも…存じませんこととは言いながら失礼してしまって…」

なんて言っています。先ほどまでの、あの

「白ばっくれるなァ」

「嘘をつけい」

なんて、どなったのはどこへやら、という感じで、あたしとしてはちょっと気味が悪いくらいです。
そのうちに、また次の間から今度は若い軍人さんが入ってきました。そして、今度は三人でプシャプシャと内緒話です。やがて課長殿は
「憲兵隊の砂田八郎中尉殿です」と紹介してくれました。
陽に焼けた歯の真っ白な三十前の方でした。クリクリ坊主なのだけれど額がせまくて小学生みたいな感じです。
やがて、その中尉殿が九州あたりの訛りでしょうか、でも清潔な、感じのいい声で
「明治維新のときに、あれだけの偉業が達成できたのも芸者さんの陰の力が少なくなかった。その証拠には維新の元勲と言われる人の夫人は皆、花柳界出身の方でした」
とわかりきったことを話しだしました。あたしはまだ胸の中はカッカしているのですけれど、この中尉殿とこのインテリさんならわかってもらえるような気がしたので
「そのうちに〝金田中〟さんか〝花蝶〟さんあたりに一晩皆様をご招待します。そうでないとこの課長さんなんか、あんまりものをご存じなさすぎますもの。お女郎さんも玉の井の女の人も新橋の芸者もメチャメチャなんですもの。ご商売柄もう少し勉強なすったほうがいいと思うわ」

とズバリと言ってやりました。課長殿は
「いやァ、まったく、我々はどうもそういうところは不案内だもんでムニャムニャ」
なんてごまかしててれ笑いをしています。あたしは前に与えられた十倍もの侮辱を
いっぱいに自分の目にこめて見下してやりました。
やがてこの中尉殿の発言で
「あなたのような珍しい女性は今の時勢にこそ我々軍部がもっとも必要とする女性で
ありまして」
とこのたびはむやみやたらにおだて上げるわけです。そして
「よろしかったら明日からでも私自身がお宅に毎朝うかがいますから前の晩どこのお
座敷でどんな人に逢われたか、たとえば、どこの会社の人が、役人でも軍人でもどう
いう人がどういう人を招《よ》んだか、何人くらいで何という料亭に来たか、具体的に報告
していただきたい。あなたを見こんで、これは国家のためですからせいぜいご協力願
いたい」
ジョーダンジャナイヨ。
国家のために、あたしに逆スパイをしろというのです。あたしはそこで本当は大啖
呵を切りたかったのです。

「見損っちゃァいけないよ、芸者の大切な信念、それはお客様の秘密を守ることなんだ。見も知らない憲兵隊やこんな田舎者の刑事ごときにおだてられて〝毎晩どなたがどなたをどこで招《よ》んだ〟なんて、そんな報告をお前たちにするくらいなら舌かんで死んだほうがましだ。あんまり若いと思ってバカにするな」

と大見得を切りたいところですけれど、ここで憲兵隊相手に啖呵を切って何日もブタ箱に泊められても文句の言えない時代ですもの。

あたしの存じあげている大切な方たちが軍部とちがった意見を持っているというだけのことで牢屋に入れられたり、殺されたりしているときでしたから、あたしはこういう暴力的な権力というものの残酷さや、正しい者が正しく評価されない矛盾にいつもカッカとしてる最中でした。

まさか、あたし自身がこんな渦巻の中にまきこまれて苦しもうなんて今朝まで考えてもみなかった。あたしは何も答えずに立ち上がりました。すると課長殿は

「砂田中尉が明朝からうかがうそうですから何とぞご協力を願います」

とまるっきり人が変わったような声で言いました。あたしはカッとするのをおさえて

「今夜から京都へ行くことになっておりまして二週間くらいは東京におりません」

と言いました。

「では、お帰りになりましたらさっそくこちらからご連絡いたしますから」

来たときとは大きなちがいで、課長殿、山崎さん、中尉殿、三人の男性に丁重に見送られて、警視庁の入口を出ました。

さんざん、どなられて、痛めつけられて、あげくのはてにむやみにおだてられて、悲しいのかくやしいのか、わけのわからない涙がせきを切ったように流れてきました。

お堀端を歩きながら初めてあたしはハッキリと

「芸者を止めよう」

と決心しました。これから先、憲兵隊にタテをついたら、どうせろくなことはありません。きっと今日のように心外な情ない思いを何度もするでしょう。

こんなに今日みたいに、あたしの心をズタズタにされたことは生まれて初めてです。万一、こんな思いをもう一度させられたら、あたしはきっと気狂いになってしまうでしょう。

あたしは見番に電話をかけて二週間くらい休業するからと断わって、家に帰ってきました。

心配していた家の人たちには「知りあいのアメリカ人の写真家のことでちょっと聞

かれただけ」と言っておきました。

そして、久しく逢っていない大阪のぼたんちゃんや呂之介さんにも逢いたいし、クシャクシャした気分も変えたいので本当に、その晩京都に出かけて、二週間くらいは帰らないで、大阪でお芝居を見たり踊りを見たりして、すっかり痛めつけられて、それでも誰にも言えない気持ちを、自分で一生懸命なだめすかしていました。

でも「芸者を止めよう」という気持ちは、いよいよハッキリとしてきたようです。


ところで、その頃面白いことがはやりました。

大阪や京都の芸者衆と東京の芸者とが同じ着物を着るのです。

たとえば北の新地の呂之介さんやぼたんちゃんと新橋の喜春とがしめし合わせて同じ着物を着るのです。あたしが面白い柄のものを見つけて向こうに送るときもあり、あちらからまた京都の「ゑり万」さんのものなど送ってくれるときもあります。

お客さんが「ア、昨夜、新橋の喜春がその着物を着てたよ」

なんて大阪でびっくりされるのが面白いのでした。

呂之介さん、ぼたんちゃんは東京と大阪とへだたっていましたが、仲のいい友達でした。こんなときは、本当にこの人たちに逢えてホッとしたものでした。

引祝い

「芸者を止めよう」

と決心をしたあたしは、サテ、どうしよう。とにかく、このまま無事にいけるはずはありません。今度のようにいやな思いをするのではとても芸者を続けていける自信はありません。

こんなとき、あたしの頭に、お目にかかりたくてたまらない方のお顔が浮かびました。

河合栄治郎先生です。

美濃部達吉先生の「天皇機関説」がたいそう問題になっている頃でした。同じお仲間の大内兵衛先生、有沢広己先生、河合栄治郎先生、脇村義太郎先生、それに「中央公論」の嶋中雄作社長にもあたしは可愛がっていただいていました。

なかでもあたしが本当に手をとるように、いろいろなことを教えていただいたのは河合英治郎先生と、脇村義太郎先生です。

出版社の社長さんでいらっしゃる嶋中雄作さんも、いくら軍部がひどい圧迫を加えてもガンとしてご自分の信念を譲らず軍部の御用出版にならないように頑張っておられました。

また、帝大の教授グループと呼んで、前にお名前をあげた先生方には警察がずいぶん神経質になり、何度もこの先生方をひっぱって相当ひどいことをしていたように思います。皆さん帝大を休職中で、河合先生、脇村先生などは警察で取り調べを受け、起訴されている身の上でした。

河合栄治郎先生が「学生に与う」というご本をくださいました。本当によいご本だと思いました。今の学生さんが読んでも決して古いとは感じないと思います。

その頃まだ聞きなれない「デモクラシイ」とか「リベラリズム」とかいう言葉をあたしのように無学な者にもわかるように、かんでふくめるように教えてくださったのは河合栄治郎先生です。

終戦後の大学の先生方の中には、その場その場で適当に辻褄をお合わせになる方がたくさんいらしったようですが、この先生方のお考えは心の底からと言いましょうか、本当の愛国の情から湧き出した信念を持っておられたようです。

河合先生と同じように脇村義太郎先生もあたしの大切な先生でした。

脇村先生は当時、石油についてのいちばんの権威でいらして、海軍さんとよくご一緒にお見えになりました。いちばん初め海軍の江副主計大佐とご一緒にお逢いしたのですが、ほとんど二週間目ごとくらいにお目にかかっていました。

この先生は、いちばんお若かったし、あたしがいろいろ質問するのをよくわかるように答えてくださいました。きっとお教室の中のお講義より、数段、実の入ったことを教えてくださったと思います。

よく面白い外国映画が来ると必ず連れていってくださいました。そして、あたしは何かわからないことがあると、すぐに河合先生や脇村先生にお目にかかりたくなりました。

ただし、この先生方にお逢いするときは、ぜったいにお出先さんではいやでした。

もちろん初めは、お座敷で先生方や「中央公論」の方たち大勢でお目にかかったと思いますが、あたしの不思議な潔癖性というか、河合先生や脇村先生にはお出先でお客と芸者としてお逢いするのはぜったいにいやでした。

やはり、学生の一人として、いろいろなことを教えていただきたかったのです。

また、かりにお座敷でお目にかかったとしても、他のお客様や芸者衆のいる前で

「先生、反戦思想って何ですか?」とか
「リベラリズムって何ですか?」とか
「デモクラシイって何ですか?」

なんて、あたしのいちばん知りたいことをお聞きしたら、そして、それに対して先生方がわかるように説明してくださったりしたら、座がしらけて、どうにもならなかったと思います。

あたしは河合先生に「どうしても先生にご相談したいことがございます」と先生のお時間をいただきました。お目にかかったときに、警視庁によばれて、ひどい目に遭い、そのあげく逆スパイを頼まれたことをお話しました。

「可哀そうに。ひどいねえ」

いつもの通り、先生はやさしくおっしゃってくださいました。

「世の中はグングンそういう方向に引っぱられて行くんだね」

あたしは河合先生にお逢いするときには、いつも温かいお父様にお話してるような気持ちになるのです。

「あたし芸者を止めます」

「ウン、そりゃいいだろう、だけれど、それでどうするのかな?」

先生のやさしいお目々を見ながらあたしはハッキリと言いました。

「あたし、お嫁に行きたいんです。もう、こんな調子ではとても芸者は続けていけないと思います」

先生はウンウンとうなずきながら
「それで、お嫁に行きたいあてはあるのかな？」

その頃、あたしを好いてくださっている方が三人ありました。三人とも、あたしがお嫁にもらってくださいと言ったら、すぐにもらってくださるような気がするわけです。

一人は大阪のボタン問屋の息子さんです。お父様とお二人でよく新橋に見えました。お父様は早く奥様を亡くし、北の新地に二号さんがおありで（もう公認の二号さんです）、なかなかさばけた方でした。二号さんを連れて、「東をどり」を見にこられたりしていましたから、この方のところにお嫁に行くといえば大歓迎で、反対も何もなく、たいそうすらすらと行きそうに思えました。

その次は長唄の唄うたいさんです。

お嫁に行ってから、あたしが三味線をうんと勉強して二人で力を合わせてやれば、必ず将来うまく行きそうです。

それに、その方のご両親が（特にお母さんが）あたしを大好きで、いつもご本人よりお母さんとお話してる時間が長いくらいでしたから、この人のところも問題なくすらすら行きそうです。

その次は外務省の役人です。

英国からちょうど帰ってきたばかりの人で、三十三歳になっていました。ロンドン時代にはもちろん金髪のガールフレンドくらいはあったとは思いますが、この人がいちばんあたしには合っているように思われました。

ということはこの人が三人の中でいちばん好きだったということになります。

ちょうどメキシコの経済使節団が来たときで、「六義園《りくぎ》」で園遊会がありました。野立のお茶会があり、裏千家の先生がデモンストレーションをなさり、あたしがマイクを使って英語で解説をさせていただきました。

あたしは、髪を内巻にして、ぼたん色の四君子《しくんし》の長いお袖の着物で、金と黒の立涌《たてわく》の帯を後見結びにしていました。だからどなたも芸者だとはお思いにならなかったようです。

山本熊一様が通商局長でいらしった頃です。あたしが盛んに英語で解説しているときに英国から帰って来たばかりのその若い部下が局長に

「あの方は、どちらのお嬢様ですか？」
と聞いたそうです。局長は
「ありゃ、新橋の喜春という芸者だよ」とおっしゃったら
「それじゃ、僕でも逢いたいと思えば逢えますか？」と聞かれるので、局長は
「もう一度、逢いたいなら、いつでも逢わしてやるぞ」とおっしゃったのですって…。
そして、その晩「山口」さんに大勢で見えました。外務省の方だけでした。
「喜春ちゃん、六義園で君を見染めた人がいるぞ。どうしても、もう一度顔が見たいそうだ。独り者だぞ、どうだ」
なんて山本局長は一人で喜んでおられます。そう言われて、てれて赤くなっている人を見たとき、まさかこの人があたしの将来の夫になる人なんて考えもしませんでした。
彼はすっかりてれて、お酒ばかりガブガブ呑んでいました。あまり皆に冷やかされるので、てれかくしに呑んでいるみたいでした。
あまり背の高い人ではないけれど、それにちょっとキザなところはあるけれど、英国風な服の着こなしも悪くはなく、本当の英国式のきれいな英語を話していましたが、大阪の人なので日本語はまったくの関西弁でした。

大阪（堺）の大地主のひとり息子で、英国から帰ってきたばかり、九州帝大の法科を出て三十三になったのに、まだチョンガーなのだと山本局長が説明してくださいました。けれど、そのときはあまり身を入れて聞いてもいませんでした。

そのうちに何度も電話をかけてくれて、一緒にお茶をのみに行ったりするようになりました。そして、「練習のためだから」と電話の会話は全部英語で話しました。

あたしは自分が教育がないくせに（それだからなおさらかもしれませんが）、どうも大阪のボタン屋のお兄さんとか長唄のお師匠さんとかにお嫁に行くのは今ひとつ気が進みません。きっと、いわゆるインテリ・コンプレックスがあったのだと思います。

近衛氏のときは知らないことをたくさんたくさん教えられて、音楽でも「これがバッハのもの」とか「これがモーツァルトのもの」とか、少しくらいは聞き分けられるようにまで勉強させてもらいました。今度もこの外務省のお役人がいちばんあたしの気のすむ相手のように思えました。

たしかに、三人の中で問題なくこの人がいちばん好きだったのだと思います。

それに、相手が英国から帰ってきたばかりで、あたしのことを何も知らない、ということが強味でした。新橋の喜春さんなんてぜんぜん知らず、お座敷で逢ったこともなかった人だということがあたしにはありがたいことでした。花柳界の仕来りなんて何も知らないし、芸者なんて人間に逢うのは生まれて初めて、というような感じの人でしたからなおよかった。

あたしは河合先生にすっかりお話しました。河合先生は
「君自身、その外務省の人が結局いちばん好きなようだね。話を聞いたところでは…。ね、その人のところへいきたいんだね？」

と念を押されました。そして
「僕が刑事被告人でなければ、こんなとき君が普通のこういうところの人じゃなく、どんなに勉強家で心のきれいな娘かということを相手の人の親御さんに話してあげたいけれどね」

と、ちょっと淋しそうにおっしゃってくださいました。

「先生、あたし今まで自分でよくわからなかったのです。あたし、その人のところにお嫁に行きます」

「そうだね。そして、できたら、できるだけ早く外国に出してもらいなさい。それがいちばんいいと思う。これからの日本は、きっと君の考えているのと逆の方角に進んで行くのだからね。外国に出て暮したほうがズッと幸せだよ」

そして、河合先生のおっしゃった通り、あたしはこの外務省の役人（太田一雄）の

ところにお嫁に行くことになります。

その頃の戸籍の上の手続きのややこしさは今の方には考えられないと思います。まず、あたしはひとり娘（相続人）です。だから、よそに嫁に行くことはできません。家を動くことができないのです。さりとて相手の人が養子に来ることも、もちろん不可能です。それに、相手も男一人で、妹は二人とも他家に嫁していました。それで、知人に頼んで男の子の四人もいる家から四男を借りて来て養子に入れました。木挽町の床屋さんでした。そして、あたしの籍をぬいて、初めてお嫁に行けるわけです。

この床屋さんにはあと半年くらいでお礼をして、また、その子を親元の籍に返しました。

大阪の相手の人の家族もいきなりひとり息子が芸者と結婚したいなんて言い出したので、びっくりしたようです。

向こうの父親が大阪から出てきて、まず外務省に行き、あちらこちら喜春という人間がどんな人間か尋ねてまわったようですが、幸せなことに山本局長はじめ、あたしのごひいきにしてくださる方ばかりのところを聞き歩いてるみたいで、なかでも直属の上司だった水野様は

「あの子なら僕に息子があったらこっちから望んでもらいたいくらいな子ですよ」とおっしゃってくださったので、父親も正面切って反対もできないようでした。

また、その頃は外務省の若手が、新橋のあたしの先輩と続けて結婚されたりして役所のほうもちょっと神経質になっていました。のちにこの先輩たちは皆様、大使、公使級の方の奥様になって立派にやっておられます。

それであたしは当時、あたしを可愛がってくださった日産自動車の社長、山本惣治様のところにお願いにあがり、「山本惣治様の三女」ということにしていただいて嫁ぎました。これもあたしとしては、本当に命拾いをさせていただいたくらいありがたいことでした。

役所もさることながら、相手の父親がたいそう見栄っぱりでして、誰々の令嬢ということでないと「体裁悪うて結婚披露の通知の印刷もでけへん」と言われて、あたしの祖母など内心とても傷ついたようでした。

とにかく、あたしとしては何でもいいのです。ただただ、その人のところに一日も早くお嫁に行きたかった。

その間、向こう様の関西式の考えとこちらの東京式の考えとがぶつかって、あちらの父とあたしの祖母とのやりとりも、あれやこれやありましたが、とにかく、あたしたち二人がどうしても結婚したいのですから強いものです。

サッサと結婚して、サッサと内輪だけのご披露をして、サッサと船に乗って…という感じで、結婚式のあと二週間目には二人とも夫の任地先である印度のカルカッタに向かう船に乗っていました。

手ぎわがいいというか、運がいいというか、その点何のつまずきもなく、すらすら運びました。

もちろん、ふだんごひいきになっていた外務省の皆様のご協力もありましたが、夫が全部ことを運んでくれたので非常に実行力のある人だと思いました。

新橋の側は昔の仕来り通り、「引祝《ひきいわ》い」と言いまして主なお出先や組合の役員さんに手紙を書きました。

「此の度、私こと『春よろ津の喜春』結婚致す事に相成り」

云々ということをエンエンと巻紙に書いて、これまでのお世話になったお礼をのべるのですが、これはお習字の先生にお願いしました。水茎《みずくき》の跡もうるわしい素的な手紙でした。

そして、この手紙をつけてお重箱に入れたお赤飯《こわ》をくばるのです。

何しろ、パスポート用の写真を撮ったり、洋服を造ったり、大阪の主人の家に行って親類をまわったり、目のまわるような忙しさだったので、自分でお礼にうかがったのは、お茶屋さん四、五軒で、あとは箱屋の半ちゃんに、お赤飯《こわ》配りはしてもらいました。ですから、仲間の人たちが
「アラ、喜春ちゃんやめちゃってお嫁に行ったんだって」
なんて気のついた頃には、もう印度に行く船に乗っていました。
今の若い方には、きっとわかっていただけないと思いますが、泉鏡花の「婦系図《おんなけいず》」の湯島境内の場でお蔦《つた》が、早瀬主税《ちから》に言う台詞の中で
「引祝いのお赤飯《こわ》も配らないで」というところがあります。
柳橋の一流の芸者が好きな人のところへ、まわりの反対を押し切って、風呂敷包みひとつでこっそり同棲してしまうくだりです。その当時の芸者には引祝いもしないで消えてしまうことはとても自尊心を傷つけることにもなり、面子《めんつ》も立たないわけで、この「婦系図」は明治のことですが、昭和の半ばになっても、やはり芸者をやめるときは、ちゃんと古式通りに「引祝い」のお赤飯《こわ》を配ってお嫁に行ったわけです。
こうして警察からの呼び出しがあった五カ月後の昭和十五年秋にはもう芸者を止めて印度へ行く船に乗っていました。幸いにも役所のほうも非常に人のほしいポジションだったようで大急ぎで旅券を取り、大急ぎで横浜から船に乗りこみました。この船

は貨物船でしたが、とても大きな船でした。

船客は私たち二人っきりという、とても恵まれた状態で、お食事は船長、パーサー、船医さん、主な乗組員とご一緒に和気藹々《あいあい》で、いろいろな面白いお話を聞くことができましたし、本当にお食事の時間が楽しみでした。この旅行は文字通りの新婚旅行を兼ねていました。

祖母も母も、前の近衛氏のときにはあたしの邪魔をしていますから、今度は何も言わず協力的でした。

船の中の毎日は印度語の勉強に最もよかったと思います。夫は毎日一生懸命、印度語の基礎から教えてくれました。あたしも若かったし、どんどん覚えていきました。

上海、ピナン、ラングーンなどによりましたが、二人とも日本語はひとことも話さず、対日感情の悪くなっていたという上海の街を平気で、楽しく食事もできましたし、散歩もしました。

夜の上海の街は船から見ると本当に美しく、リオデジャネイロと上海が夜景では世界一だと言われているのも、うなずけました。

それから、ピナンによりました。

あとで行くラングーンもピナンも何しろお寺がたくさんあり、そこら中に仏像がありました。でも、日本の仏様とはぜんぜんちがいます。

特にピナンの仏様は極彩色で、中には仏様のお顔がベティ・ブープみたいに丸顔で、唇が赤くて不思議な気がしました。

次の寄港地はラングーンで、とても親切な日本人の歯医者さんのご一家に紹介され、この方のお嬢さんのご案内で大きな寝釈迦《ねしゃか》やお猿のたくさんいるお寺などを見せていただきました。

ちょうど街中が何かのお祭りで女の人たちは着飾って髪に花をつけ、手に蠟燭を持ってお寺に集まってきます。それがズーッと列を作って夜暗くなると夢のようにきれいです。

ビルマ人はまるっきり日本人と同じ顔をしていました。どの人も、今にも日本語をしゃべり出すかと思われました。

娘さんたちの服装は（お祭りなので、いちばんいいものを着飾っているように思えましたが）、ちょうどお伽話の竜宮の乙姫様そっくりです。

髪の形も天平時代みたいですし、また「裳《も》」というのかしら、肩から腰にひらひらとした布を巻いて、とにかくまるっきり乙姫様なのです。

きっと浦島太郎という漁夫が嵐にでもあってビルマに漂流し、ビルマの娘さんのこの姿を見て乙姫様や竜宮を思いついてあのお伽話を造ったのではないかと今でもあたしは思っていますけれど…。

とにかく、一カ月以上の船旅ですから、ずいぶん時化《しけ》たときもありましたが、あたしは船が大好きなので、いくら揺れても平ちゃらです。

「あんた、船乗りになったほうがええわ」

と夫に言われたくらいです。

まず空が少し暗くなってくると、ボーイさんが食堂のテーブルのまわりに枠をつけはじめます。これは海が荒れるというサインです。

横揺れ《ローリング》、縦揺れ《ピッチング》のたびに食器がザーッとテーブルからすべって落ちるからです。こうしてテーブルの四方《ぐるり》に枠をつければ食器が引っかかって床に落ちないわけです。

ひどく海が荒れてくると、さすがの船乗りさんたちも一人減り二人減り食堂へ出てくる人が少なくなってきます。

一人だけ若いボーイさんの生きのいいのがいて、その子が元気に運んでくるのをあたしが一人で食べてるみたいな日がときどきありました。

「やっぱり女《おなご》は〝アア気色悪う〟言うて、船室《キャビン》に閉じこもってるくらいが女らしいので、揺れるほど食欲が出るなんてのは可愛気がない」

と夫に笑われましたが、船の舳先《へさき》に立ってギューギューと上がったり下がったりする水平線を見ていると、本当に世界中が自分のものになったようでとても気持ちがよかったのです。

たしかにあたしは男だったら船乗りになっていたかもしれないと思いました。

やがて、船は黄色っぽい泥色の水の中に入っていきます。ガンジス河の色です。

そして、水先案内《パイロット》に先導されて、船は永い船旅を経て、カルカッタの港に入っていきました。

印度総領事館

印度という国はたいそう不思議な国でした。

その頃のボンベイ、カルカッタのような大都会には、なかなか大きいビルディングが建ち並んで街路の幅も広く、また、英国式の設備のよいフラット（アパートのこと）やデパートなどがありました。

ただ、びっくりすることは、その現在の銀座通りのような街の真ん中を牛がゆうゆうと何頭も歩いていることです。

牛は神様のお使いで、追い払うことは許されません。踏み切りでもお牛様が優先で、お牛様がお通りになるときは汽車はじっと止まってお牛様のお通りを待っています。

もしも、人間がお牛様を追っ払ったりすると神罰がたちどころに当たると信じられていますから、お牛様はユラリユラリとお歩きになり、ビルの入口に大きな身体いっぱいにお座りになったりします。印度牛というのは実に大きいのです。

なかには歩きながらウンチをなさるお牛様もありますが、まだホヤホヤの湯気のたってるうちに必ず塵取りのようなものを持った印度人が先を争って奪い合うようにしてそれを持っていきます。したがって、お牛様のウンチはどこにも落ちていません。

なぜならば、印度の貧しい人たちが壁に塗るのです。貧しい印度の人の家に行きますと、何重層かの厚みで牛の糞《ふん》が壁に塗ってありまして、これが何層も重なるほど熱気を通さないと言われています。

本格的な貧民は皆、家なんてありません。壁に牛の糞を塗りこめてアンペラ敷いて床に寝ているなんてのは高級なほうで、だいたいの貧民は自分の一定した家などは持たず、ゴロゴロと気の向いたところに寝ます。

だから、お月様のない夜なんかよほど足元に気をつけていないと、寝ている人間に蹴つまずいて蹴とばしたりして、とても危ないのです。

だいたい印度という国はピンとキリよりない国で、ピンのほうは自家用の象が八十頭もあり、何千坪のお庭に四季を通じてあらゆる花が咲き乱れ、大理石のすごいご殿に使用人が何百名もいるマハラジャ（日本なら大名のお殿様かな？）です。

奥様はダイヤモンドを額にたらし、鼻の穴にまで牛みたいに輪っかを通して、これにもダイヤモンドをつけています。

奥様は召使いが大勢いるので何もすることがありません。おまけに、美食で縦のものを横にもしない。だから、上流階級の奥様たちは例外なくよく太っています。もちろん、これは四十何年前のことですから、今はきっと印度の上流階級の夫人たちはダイエット、ダイエットで美容体操が盛んなのじゃないでしょうか？

キリのほうは生まれてから死ぬまで自分の家など持ったことがなく、手あたりしだいどこでもコロリと寝ちゃう人たちです。

後年、二十五年ぶりにニューヨークから東京に帰ったとき、浅草でも上野でも地下道で浮浪者が十五、六人、ときにはもっと多く新聞紙を敷いて寝ていました。

「この場所に寝そべり、または座りこむことはできません　浅草警察署長」なんて書いてある大きな看板の下で寝ているのですから、いよいよ印度的になってきたなとおかしく思いました。戦後かれこれ四十年もたとうというのに、まだここだけは戦後という印象でした。

あたしたちのアパートはカルカッタ市の中心街チョーリンギイからちょっと東に入ったパーク・ストリートにありました。

やはり後年、日本に帰ってきてびっくりしましたのは、何だか汚らしい建物で、おねしょの跡のあるような布団が手すりにほしてあるところでも「マンション」と言っていることです。アメリカでもヨーロッパでもこの頃の印度でも「マンション」というと素晴しい邸宅のことを言います。日本で言うマンションは外国ではどんなぜいたくなところでも「アパート」と言っているのですけれど…。

あたしたちのアパートはクリーム色の三階建てのアパートで英国人ばかりが住んでいました。部屋は相当広々としたベッドルームとリビングルームとでしたが、いかにも若いカップルにふさわしいモダーンな家具がついていました。

その当時、冷房はありませんでしたが、天井にパンカー（扇風機）がクルクルとまわり、天蓋のついたベッドに白い美しいチュール（蚊帳）が下がっていまして、何だかお伽話のお姫様になったような気持ちでした。

ボーイは二人いまして、その一人が料理人で、もう一人が部屋の諸々の用事をたします。

印度の下級の人たちには面白い考え方がありまして、印度人のボーイがものを盗むとします。たとえ盗んだ人間がわかっている場合でも

「明日あたり、あのなくなった指輪はきっとこの鏡台の上に上がっているだろう」

と誰にともなく言っておくと必ずちゃんと返してあります。つまり見つからなければ、そのままいただいてしまう。見つかっても、元へ返しておけば泥棒ではないとい

う都合のよい考え方なのです。

もうひとつ、食事のときにナフキンを床に落とした場合です。そのときにパッと自分で拾ってはいけないのです。

「ボーイ、ボーイ」

と呼んで落としたナフキンをおもむろに指さしてボーイに拾わせる。また、お風呂場でちょいとハンカチを洗ったりすると次の日からボーイたちがバカにして言うことをきかなくなる。

理由は「このメンサブ（ヒンズー語でマダムのこと）は自分でナフキンを拾ったり、自分でハンカチを洗ったりする階級の出なんだな」と思われるわけです。つまり自分たちと同等な育ちの人と誤解されてしまうわけです。

ボーイは二人とも髪の毛が真っ白で歯がありません。このヨボヨボ寸前のボーイに歳を聞きますと
「アバウト・サーティ・ファイヴ（だいたい三十五歳くらいです）」と答えます。

太陽が昇ったときが朝で、沈んだときが夜で、それが一日と数えるのでしょうけれど、長いあいだにはゴチャゴチャになっちゃって

「アバウト・サーティ・ファイヴ」になるわけです。

あたしはたいそうこの印度式が気に入りまして今でも歳を聞かれますと「アバウト・フォーティ・ファイヴ（だいたい四十五歳くらいかしら？）」なんてやっております。

このボーイたちはアパートの裏にサーバント・クオーターがありまして、そこに住んでいます。一人のボーイは部屋の掃除、ベッド・メーク、テーブルのお給仕、もう一人がお料理、皿洗いそれから洗濯物を持って出る。

洗濯物は裏のサーバント・クオーターに持っていき、彼らのおかみさんが頭の上に洗濯物の籠をのせて近くの川に行って棒でトントン叩いて洗うのだと思います。

もちろん、あたしの夫のシャツやベッドシーツはクリーニングに出しますが…。

ボーイの他に「ジャマダール」というのがいます。これはもっとも低い階級の奉公人で便所掃除専門です。アンタッチャブル（不可触賤民）と言いまして、まず当たり前の社会生活からはみ出したような感じの階級です。

まだ下水が完備してなかった頃ですからカルカッタのような都会でも、皆、見てくれだけはタイルのピカピカのバスルームですのに、トイレがすむとすぐに「ジャマダール」と呼んで彼に始末をさせます。

あたしはこれがとてもいやでした。

ボーイもジャマダールも決して名前を呼ぶことは許されません。この国のように階級意識の強い国では、日本のように尾張の百姓の息子が天下をとるなんてことはぜったいにありえません。ボーイは先祖代々ボーイで、ジャマダールは先祖代々ジャマダールです。

その他、ダルワン（門番）、ショファー（運転手）などがいますが、とにかく日本総領事館およびその館員のところの使用人たちは一応彼らの中ではエリート中のエリートで、誠に頼りないけれど少しは英語もしゃべります。

印度語の標準語、ヒンズスタニイは日本語と文法的な構造がまったく同じなので、印度人が片言の英語をしゃべる場合

「私は学校に行くのだ」

と言うときに英語的に

「アイム・ゴーイング・トゥ・スクール」

とは言わず

「アイ・エスクール・ツー・ゴー」

と言います。まさに日本語そのままの文法なのです。

それに面白いことにはどうしてもS（ス）で始まる言葉の前には必ずE（エ）がつきます。

「スクール」は「エスクール」

「スティーマー」は「エスティマー」

「スタイル」は「エスタイル」

どういうわけでしょうね。この件については誰に聞いてもわかりませんでした。

あたしは一生懸命印度語を勉強しました。夫が印度語をよくやりましたので、だいたい船の中で基礎をやってもらってきました。一カ月半も他にすることのない船の旅は語学の勉強に最適だったと思います。

ですから今でもニューヨークで印度人にヒンズスタニイで話かけると彼らは飛び上がらんばかりにびっくりします。

着物を着た日本の女がいきなり
「ハム、トオラ、トオラ、ジャンターハイ（私は少しだけですけどインド語がわかります）」

なんて言うんですから彼らは本当に驚きます。

印度語といっても百二十四カ国語に分かれていて南印度の人と北印度の人とでは、

てんで話が通じないそうです。中国も同じことで国自体がめちゃくちゃに大きくて人口が何億というような国では皆そうらしい。

もっとも日本のような小さな国でも、九州の人同志、あるいは東北の人同志しゃべっているのは東京の人間にはぜんぜんわかりませんものね。

日本では、その頃、デパートなどで大きな氷柱を立てていました。氷の中にきれいな花が透けて見えて、でも夕方になると小さくなってしまうのです。東劇に冷房装置があって正面玄関を入るとゾッと寒くて、びっくりしたものです。調節なんかできなかったのでしょうか、急に温度がぐっと下がるので寒くて困ったことがたびたびありました。

電気冷蔵庫なんてものは大きなレストランくらいよりなかった頃でしたが、このカルカッタのアパートには大きなのがありました。何より嬉しかったのは、朝テニスに出かけるときにオレンジ・ジュースを入れておくと帰ってくる頃にはちゃんとアイス・キャンディができていることでした。

カルカッタに着任したときには誰一人知った方はありません。総領事（岡崎勝男様）も副領事（飯田四郎様、飯田深雪女史の旦那様）もだいぶあとから来られまして、その頃は副領事として景山様とおっしゃる方がおられました。

その他に、本《もと》さんという商務領事がおられ、奥様は英国人でしたが、とても怖い方でした。ご自分のご主人が日本人なのに
「ダーティ・ジャパニーズ（日本人は汚らしい）」

とおっしゃって二言目にはいかに英国人が日本人よりすぐれているかを力説なさる方でした。

だからあとで開戦後、収容所に入れられたときには、ご自分一人が日本人ではないという特別な優越感がおありだったミセス本の愛犬のスピッツを総領事館の若い人たちが蹴飛ばして鬱憤を晴らしていたようです。

犬こそいい災難ですよね。

誰一人知った方のないカルカッタに着任して五日目に夫がボンベイに出張することになりました。主人は「アヤ」といって子供のお守りをする印度人の婆やを雇って泊りにきてもらうように手配してくれました。

相当、高級なアパートなのに夜になると壁でチチチチとヤモリが鳴きます。心細くて情なくてベッドの中で「エーン、エーン」と泣きますと、アヤが頭をなでてくれてやさしい声の訛りのある英語で
「よい子でいましょうね。すぐにダディは帰っていらっしゃるからね。サ、早くよい

子でおネンネしましょうね。泣かないでね」

なんて髪をなでてくれます。あたしは甘ったれて「エーン、エーン」となお泣きました。子守専門の婆やであったので、本当に赤ちゃんのように頭をなでてあやしてくれました。あたしが寝つくまで。

あたしの印度生活は持ち前の好奇心の固まりみたいな毎日で始まりました。前に書いたようにピンは自家用の象八十頭を大名行列のように並べて虎狩りに出かけるマハラジャから、キリは手あたりしだい、道でコロリと転がって寝る賤民まで、文字通りのピンとキリよりない国なのですが、その中間という階級にアングロ・インディアンという層があります。

何しろ、三百年の徹底した英国の植民政策の中で残酷なほどの差別意識を植えつけられてきた国です。しかし、それを越えて愛し合う人もたくさんあったようで、印度の女性と英国人とが結ばれることも相当多く、その結果としてアングロ・インディアン（アングロサクソンと印度人との混血）がたくさん生まれたわけです。

今は知りませんが、その頃はアングロ・インディアンはひとつの部落のように固まって住んでいました。貧しくても英国人の生活様式そのままにベッドと椅子とテーブルの生活をしていました。しかし、英国人でもなし、印度人でもなしという、ちょっと微妙な人種ではあったようです。

金髪で青い目なので、英国の娘と思って結婚すると、突如として真っ黒な子供ができたりするので驚く例もよくあったようです。

後年、アメリカに来まして、ニグロと白人の混血児を見ました。肌がココア色で髪もどうやらキンキンヘアー（ニグロの人独得の根元からチリチリに縮れた髪をキンキンヘアーといいます）でなく、ゆるいウェーヴの髪だったりしても、やはり顔立ちはお鼻がちょっとあぐらをかいていて唇が厚くて、一目でニグロの血が入っているのがわかります。しかし、カルカッタあたりのアングロ・インディアンは、皆、整った顔立ちの人が多かったようです。

だいたい印度人というのは、彫りの深い美しい目鼻立ちの人が多いのです。だから、肌の色がちょっとだけ黒くて、言葉に訛りはありましたが、アングロ・インディアンは、皆、背も高く、きれいな顔立ちの人が多かった。どこから見ても純粋な英国人だと思うような人も多かったと思います。

あたしがヴィッキイに逢ったのはバザールです。カルカッタの市中に英国人の大きなデパートが二軒ありましたが、どうにも店員が権高《けんだか》ないやな感じで、お値段も高くあたしは嫌いでした。

印度人のバザールは本当に面白いのです。果物や野菜や魚や肉、それにサリーの絹や木綿の生地などがとても安いのです。

特にマハトマ・ガンジーのガンジー・クロースなど面白いデザインの布地が安く買えました。ガンジー・クロースは非暴力主義をモットーとして、あらゆる英国的な機械文明を否定したガンジーの考えに従って、チャルカという手で廻す糸車を使って全部手作りで仕上げる布のことです。サリー用ですからだいたい四十インチ幅ぐらいで、一巻、五ヤールありましたからうまく裁ちますとワンピースが二枚とれます。

あたしと同い歳のヴィッキイという若いアングロ・インディアンの娘と逢ったのは、このバザールでした。娘といいましたが、もう人の奥さんでした。丸い可愛い顔で、今ならちょうどゴールディ・ハーン（アメリカではゴールディ・ホーンと言っても通じません。ハーンです）みたいな顔の子でした。

英国人のガソリンスタンドで働いている、やはりアングロ・インディアンのご亭主と二人暮しでした。印度人のようにべったり床に座る生活とちがい、彼らはこぎれいな二間の小さいアパートにこぢんまりとした英国式の生活をしていました。

バザールであたしが印度人の商人にひどく吹っかけられているのを見て助けてくれたのが縁になり、このヴィッキイとは親友になりました。あっさりとした、それでいて暖かい人で、あたしのカルカッタの生活のほとんどはこの人のおかげで楽しかったと言っても過言ではありません。

やがて、新しい総領事が着任されました。官員一同お出迎えに行ったのですが、この総領事がのちに外務大臣になられて早く亡くなられた岡崎勝男様です。

この方は本当に江戸っ子で、遊び人で、あたしたちの芸者仲間ではすごく人気のあった方です。

「サァ、二枚が四枚、四枚が八枚、八枚が十六枚、抜けば玉散る氷の刃《やいば》」なんて、ガマの油の口上なんて素晴しいものでした。

その方があたしの夫の上司になってしまったのですから、あたしとしては何とも言えない気持ちでした。初めて官邸にご挨拶にうかがったときには

「アレッ」というような感じで

「いったい喜春ちゃん、ここで何してるんだい?」みたいな目付きで、半分びっくり、半分面白そうにあたしをご覧になるのです。

こちらは、うやうやしく最敬礼をしているのですが、今にも「ガマの油、見せてくださいな」と言い出しそうで困りました。

しょっちゅうお座敷でお目にかかっていたなんてことは夫には何も言いませんでし

たが、総領事とその官員のおかみさんとして、しかもお逢いしたのが印度のカルカッタなのですから、お互いにニヤニヤと笑ってしまったものでした。

奥様は華族様のお姫様のお出ですから全部遊ばせ言葉で、本当に品のいい方でしたので岡崎様の庶民的なご性格と思い合わせてとてもおかしい気がしました。あたしとしたら、お座敷でのガマの油より知らないのですもの。

でも相変わらずざっくばらんで、あたりに人のいないときなんかは

「オイ、喜春ちゃん、あんまりびっくりさせるなよ」なんておっしゃったりしました。

その岡崎総領事の女房役でいらしったのが飯田四郎様です（あたしの夫の直属の上司です）。そして、その奥様が飯田深雪《みゆき》様です。

このときから、この飯田夫人とあたしとの大切なかかわりあいができるわけです。もう四十何年かのおつきあいです。

花柳界の中より知らず、本当に世間知らずの無知蒙昧《もうまい》なあたしは、この飯田夫人を存じあげてから、この方の影響を強く受けたと思います。

ものの考え方、人との対し方、あたしの知らなかったいろいろのことを教えていただくことになります。

総領事館には自動車が二台ありました。一台は総領事専用、あとは副領事その他の

官員が使用できるのですが、どなたかが使っておられるとあたしたち若い者はタクシーより使えません。ところが、カルカッタのタクシーの汚いこと。運ちゃんはシークといっていちばん気の荒い人たちで、どうも雲助運ちゃんみたいな感じで乗心地がよくありません。

夫は毎日自動車って下駄みたいなもんやとブウブウ言って自動車がほしくてたまらないようです。あたしはプラチナ台の二カラット半のダイヤの指輪を生命から二番目くらいに大切にして持っていました。これはティファニー・スタイルといって、爪でひとつぶだけグッと上がっている形のものでした。それを売りました。そしてフォードのVエイトを買いました。

商社の方たちにも総領事館の方たちにも、若いのにたいそう気前のいい威勢のいいメンサブが来たなァと評判になったそうです。

夫はご機嫌でそこらじゅうドライヴに連れて行ってくれましたし、あとでこの車がとても大切な使い方をされますので、ダイヤの指輪なんかはめているよりズッとよかったと今でも思っております。

印度人のバザールには、いつもヴィッキイが連れて行ってくれ、うまく値切ってくれました。ぜったいに言い値で買ってはいけないのです。

蛇使いのおじさんや猿回しのお兄さんとも仲よくなり、せっかく来たのだから上品な英国の家庭ばかり見ないで、印度人の生活の中にも入りたいと思っていました。

カルカッタにとても美しい日本語を話す女性がたった一人おられました。印度人の奥様で、以前は総領事館で働いておられたそうで、英文のタイプもなさるし、長い髪をうしろでまとめて黒ぶちの眼鏡をかけて、とても理知的な奥様でした。

ご自分ではおっしゃらなかったけれど、お父様は日本の大手の鉱山会社の重役で、しかもおひとりお嬢様でした。ミセス・シンハさんという方でした。

その当時の、それこそ翔んでる女だった彼女は印度の独立運動の闘士だという青年シンハ氏と大恋愛をして、もちろん、ご両親の大反対にあい、駈け落ちのようにして二人切りで結婚をされ、一緒に暮されるうちに、ご主人の郷里であるカルカッタに来られたのです。

当時、シンハ氏のような印度青年が何人か日本に亡命して来られました。その中の一人がラシュ・ビハリ・ボースといって新宿の中村屋のおむこさんです。

ミセス・シンハとお親しくなってから日本のお母様が送ってくださったという和歌を見せていただきましたが、おひとりきりのお嬢様を毎日毎日、案じて暮しておられるそのお歌はあたしを泣かせました。

シンハさんは

「日本の方はひとりも私の家にはお連れしたことがないのだけれど、ぜひ、あなただけには私の子供をお見せしたいの」

とおっしゃって、ご自分のおうちに連れて行ってくださいました。本格的な印度人の家で、床には目の荒いござのようなものが敷いてあり、四歳になる肌の真っ黒な、でも目鼻立ちはお母様そっくりの坊ちゃんがおられました。

大隈重信をたいそう崇拝しておられる日本のお祖父ちゃまのお考えで「信隈《のぶくま》」ちゃんというお名前でした。

その四歳の坊ちゃんが印度の唄をうたってくださるのです。とても澄んだきれいな声でうたってくださるのですが、地下室の暗い印度のおうちの中で、肌の黒い、でも誰が見ても日本人の顔立ちのこの坊ちゃんのボーイズ・ソプラノを聞いていると、わけのわからない涙が出てきました。

ミセス・シンハ、そして、信隈ちゃん、どうぞ、どうぞお幸せであるように…。

あたしはヴィッキイのおかげで印度語もグングンうまくなり、バザールに二人で印度人の手押し車に乗っていったり、アイス・キャンディを食べながら、蛇使いや猿回しを見たり、とてもカルカッタが楽しくなってきたのですが、その矢先に、岡崎総領事夫人に官邸に呼びつけられました。

あたしがヴィッキイと大喜びで印度人の手押し車でアイス・キャンディを食べたりしているのを誰かに見られて報告されたらしいのです。

「アングロ・インディアンの女の子とおつきあい遊ばしていらっしゃるのね。汚いアイス・キャンディをご一緒に召し上がったりなさって、万一、日本総領事館の名前でも出ましたら、あなたどうなさるおつもり？　あなたばかりではございませんのよ。ご主人様も、ひいては私たちまでたいそう恥かしい思いをしなければなりませんのよ。どうぞもう再び、そういう行為はお慎み遊ばしてね」とおっしゃるのです。

どうしてアングロ・インディアンの子とつきあってはいけないのでしょう？　どうしてヴィッキイと一緒にアイス・キャンディを食べちゃいけないのでしょう？　とにかく、いくら叱られても、やっぱりあたしはヴィッキイと、こっそり逢っていました。

のちに開戦になって軟禁状態になってからも危険な警察の目を盗んであたしたちに食べものを運んでくれたのは、このヴィッキイひとりです。

そして、このカルカッタでの生活は、あたしに深くものを考えさせる毎日になっていきます。

和製マタハリ

　この頃、マハトマ・ガンジーの非暴力主義、無抵抗主義というのでは満足できない若い人たちがたくさん出てきました。彼らは印度の独立を目ざして、叩かれても叩かれても立ち上がってくるという感じでした。

　ちょうどそのときに、まだ若くて愛国の心に燃えていた独立運動の闘士にスバス・チャンドラ・ボースという人がいました。

　この人はごく若いときから印度独立運動を志して、カルカッタの獄舎につながれていました。何度も出てきては、また入れられるということの繰り返しであったようです。

　ちょうどその当時もカルカッタの政治犯だけを入れる、たいそう厳しい牢獄に入っていました。

　このチャンドラ・ボースさんのお兄さんにサラット・ボースという人がいます。この人がガンジス河の上流にサマー・コティジ（別荘）を持っていました。

このお兄さんのところに歳とったお母さんがおられて、このお母さんが病気になられました。

危篤状態となり、死ぬ前に一目チャンドラに逢いたいと言われるので、お兄さんのサラット・ボースと他の親族の人が、何とかして一日だけ（二十四時間だけ）死に目に逢わせてくれと英国の政府に陳情の手紙を送りました。

他のことではないので、二十四時間だけ許されて、チャンドラ・ボースは牢を出て、この別荘に来ました。

たいそう身体の大きな人ですが、前に書きましたように印度の上流家庭の夫人は皆デップリとしておられます。これを狙って、チャンドラ・ボースは白いサリーを着て女装をし、親類縁者がわやわやと出入りの激しいのに乗じて他のサーバントたちの中にまぎれてここをぬけ出します。

印度の女性は既婚者の場合、頭の上から深くサリーをかぶりますから、他の女中たちにまぎれて出るには、とても都合がよかったと思います。

もちろん、この重大政治犯には四六時中《しょっちゅう》見張りがついていたでしょうが、ここが印度のいいところで、何とも言えずのんびりしているのです。

若いガードはきっとお酒でもふるまわれて、美しい親類の娘さんたちに盛りつぶされ、もうチャンドラ・ボースどころじゃなかった、なんてことも考えられます。

とにかく、親類縁者が集まってテンヤワンヤで人の出入りをなるべく多くしていたようです。

そして、脱出に成功したチャンドラ・ボースはチベット越えをしてベルリンに落ちつきました。ヒトラーが身柄をあずかったのです。きっとチベット越えのときも、そのあとも相当にヒトラーが力を貸していたと思われます（この脱出のいきさつはいろいろと言われていますが、あたしが現地で主人から聞いたのはこうでした）。

さて、ベルリンに落ちついたチャンドラ・ボースは、あとに続く同志の人たちにいろいろ今後の運動の指示を与えなければなりません。その諸々の指示は、兄さんのサラット・ボースのところに送りたい。そして、サラット・ボースから同志の人たちに伝えられるということにしたいわけです。

そこで、まずドイツの大使館から（ということはすなわちヒトラーのところからという意味です）日本の外務省の本省に暗号電報が入ります。その暗号電報はただちにカルカッタの総領事館に送られます。

カルカッタの総領事館では、それをサラット・ボースまで届けたいわけです。

その頃はまだカルカッタはのんびりとしていました。あたしがヴィッキイと毎日アイス・キャンディの立ち食いをしていた頃です。

さて、あるとき夫がたいそう真剣な顔をしてあたしに

「頼みたいことがあるのや、どうしてもあんたやないとあかんことや」

と申します。サラット・ボースの別荘に行ってもらいたいとのことです。

そのとき初めて夫は、何も知らなかったあたしにチャンドラ・ボースのことを詳しく説明してくれました。そして、その暗号電報をサラット・ボースに手渡してもらいたいというのです。

事柄が事柄だけに、どうしても女がいちばん目立たなくていい。

次に英語ができるほうがいい。

また、印度語もできるほうがいい。

そして、勇気があって機転のきく人がいい。

となると、どうもあたしがいちばんいい、みたいになっちゃった。

ある日、ゴルフ場に夫はあたしを連れて行きました。岡崎総領事がゴルフをしていらしった。

「ご主人に聞きましたか?」

と例の何気ない調子でおっしゃいました。

「ハイ」とお答えすると
「どう？　貴女よりないいんだから…やってくれる？」

とお聞きになるので
「モチロン、大丈夫よ」

と、そのときは総領事様と館員のおかみさんではなく、昔お座敷でお逢いしていた喜春ちゃんに返ってウィンクをして見せました。

そして、和製マタハリが誕生するわけです。

まず、あたしが印度のサリーを着ます。

印度の女性でもシムラやダージリン、カシミールあたりは色の白い美人の本場みたいに言われていました。ですから、印度の婦人が皆、黒い肌の人ばかりとは限りません。あたしたちより白い人もたくさんいます。あたしがサリーを着まして、額に赤いボッチをつけ、ゆらゆら揺れるイヤリングをつけると、器量はちょっと落ちるけれど、どうやらダージリンあたりから来た人に見えるのです。

夜、すっかり暗くなってから（お月様のない夜を選んだように思います）、夫の運転するVエイトでカルカッタの郊外に出ていきます。都会の中でさえ英国式のほの暗いガス燈なのですから、ちょっと郊外に出ると、鼻をつままれてもわからないくらい真っ暗です。

夫は前もって地図を調べておいてドンドン田舎道を走ります。

あたしは印度服の下着の胸に例の暗号電報を小さく折って、出てくるときに祖母がくれた成田山のお守り（薄べったい一寸五分くらいの錦の袋）の中に入れて、小さな安全ピンで止めてあります。電報と言っても小さい紙片です。いよいよとなったら、ちぎって食べちゃうつもりです。

そして、その真っ暗な道を三十マイルくらい走ります。すると突如、行く手に真っ暗闇の中で、小さな光が輪を描いているのが見えます。

夫はごく当たり前の開衿シャツを印度式にズボンの上からフワリと着ていますから、これも、そこらの印度人の旦那衆《サブ》に見えます。彼は印度人なみに印度語をしゃべります。

あたしはそこまでは行かないけれど、ヴィッキイに言わせるとすごく印度語がうまいそうです。

とにかく、あたしは「言葉」「語学」が好きなのですね。

「閑話休題」

夫婦とも、たとえ何かの事情で車を止められても相当印度語で時間はかせげます。真っ暗闇の中で小さな灯が見えて、それを目当てに近づくと、もう一台の車が止まっていて印度人が懐中電燈で輪を描いて合図をしているのです。それから、その車につかず離れずの距離でズーっとついて行きます。今なら、さしずめ007のスパイ映画さながらです。

方角はガンジス河をグングン上がっていくわけです。やがて小さな部落に着きます。サァ、五十マイルくらいは走ったでしょうか、一軒の家に止まります。中には印度の婦人や子供やお年寄りが待っていてくださいます。そして、にぎやかに食事が始まります。

サラット・ボースさんの別荘です。

そして、何気なく親類縁者が集まって食事をしているわけで、あたしたちもその親類のメンバーというわけです。食事も本格的な印度料理です。

チャツネという甘いお漬物の一種をカレーライスにまぜて食べるのです。あたしは印度人なみに手で食べるのがうまくて、また、ココナツを入れたり、マンゴーの実を入れたりするカレーライスが大好きでした。

ぜんぜん英語は使いません。印度語だけです。

子供たちと遊んだりして適当なときにサラットさんにあたしの持ってきた紙片を手渡します。

これで、正直、ホッとするわけですが、食事のあと、またワヤワヤと皆に送られて外に出ます。

そして、同じようにして帰ってくるわけですが、二回目のときに途中で非常警戒に引っかかったことがあります。

印度の巡査が二人、バラバラと出てきて
「どこへ行くか?」

と聞きました。

「親類の家の夜食によばれて行く」

と答えました。モチロン、印度語です。

そして、一ルピーのお札を一枚ずつ上げて、とても愛想よく
「夜遅くまで大変ですね、ご苦労様」

と言いました。二人とも
「サラーム、メンサブ」

と上機嫌でガラスの窓を手で拭いてくれたりしました。走る最中に小さな羽虫がガ

ラスについてガラスが曇っていたからです。

初めは巡査が出てきただけで胸がどきどきしましたが、この手を使うことを知ってからは、ちょっと平気になりました。

こういうところは印度の巡査や税関をはじめすべての官憲は扱いやすいものでした。でも
「万一見つかったら銃殺かもしれんぞ」

なんて夫に脅かされて、初めはオッカナビックリでしたが、二回目からは平チャラになりました。

三回目のときなど、ひどい雨で（かえってよかったと夫は申しましたが）、真っ暗な田舎路を車軸を流すようで、一寸先も見えません。ときどき雷が鳴ったり、稲光がピカッと光るし、さすがのあたしもとても怖かった。

開戦後、交換船で日本に帰ってきてから、夫はビルマ（現・ミャンマー）に行ってしまい、赤ん坊を抱えて銀座の実家に身を寄せていたとき、帝国ホテルから電話がかかりました。チャンドラ・ボース氏が来られて、ぜひ逢いたいとのことです。帝国ホテルはすぐそばなので子供を抱いてうかがいました。

シンガポールが「昭南」なんて言った頃です。まだ誰もが日本が勝つと信じていた頃です。

チャンドラ・ボースさんは大きな方で軍服を着ておられたので、とても立派でした。お眼鏡の中のお目がやさしくて、副官の方に命令して、赤ん坊を抱いたあたしとご一緒に写真を撮ってくださり
「ビルマに行ったら、きっとあなたのハズバンドに逢うから渡して上げよう」

とおっしゃってくださり、別に大きなご自分のお写真に目の前で
「美しくて勇敢なミセス・オオタに、感謝をこめて、チャンドラ・ボース」

と書いてくださいました。

そのあと、すぐに飛行機事故で亡くなられました。あたしはそのニュースを聞いたとき、いただいたお写真を飾って、あたし一人でお通夜をしました。

あの方は生かしておきたかった。

行動力のある、それでいて、やさしい暖かい方だったと思います。本当にもったいない方を死なせました。印度のためにも日本のためにもあの方は生きていていただきたかった。

その大切にしていたチャンドラ・ボースさんのお写真も空襲で焼いてしまいました。

そのうちにあたしたちに尾行がつくようになりました。どこへ行ってもちゃんと二人の印度人がついてくるのです。それが実に不手際というか不器用というか、ハッキリ尾行しているのがわかるのです。スパイ映画なんか見ても尾行してるのはわからないようにつくのが原則じゃないのかしら？

皆、ＣＩＤだそうで、二人ともヒゲだけは立派な印度のアンチャンです。

飯田夫妻とあたしたちはよく映画を見に行きましたが、はねるまで二人とも外で待っていなければならないわけです。

映画がすんで外に出てきますと、映画館の前に二人ともコロリと寝ています。とても大英帝国官憲の私服刑事なんて柄ではありません。グウグウ二人とも寝ています。あたしが

「起きなさい。もう映画はすんだよ」

とたたき起こすと

「サラーム、メンサブ」

なんて、寝呆《ねぼ》けまなこで敬礼したりします。

飯田夫人がお腹《なか》を抱えて笑われます。

「あなた、何もわざわざ尾行の刑事を起こさなくても」とおっしゃるので
「だって彼らの商売ですから…」

と言って、角を曲がるときなんか尾行しやすいように、わざと手を上げて合図してやりました。とにかく、ＣＩＤと響きは一応怖そうですが、しまらないことおびただしい。

それが少したつと、印度のお兄さん二人のかわりに頭の良さそうな英国人になりました。ということは、だんだんと国際情勢が急を告げてきたことを意味します。

飯田夫妻につく人は、二十七、八の金髪《ブロンド》で、とてもハンサムです。ホームスパンのスポーツ・ジャケットなんか着ていると素的です。

あたしたち夫婦についている人は、ズングリとした頭の毛の薄いオッチャンで、一緒について歩いてくれても、あまりパッとしません。

とうとうある日、飯田夫人にお願いしました。

「奥様、あたしのところのズングリと奥様のところのハンサムと取り替えていただけないかしら？」

飯田夫人は、また、お腹を抱えて笑われました。

あるとき、英国政府の外交顧問とかいう方のパーティがありました。

飯田夫妻、本夫妻《もと》、あたしたち夫婦もお招《よ》ばれしました。カクテルもすみ、ディナーもすみ、ダンスになりました。

やがて、あたしの夫のところに素晴しく美しい、背の高い、三十七、八の英国人がつかつかとやってきました。

「あなたのワイフと踊らせていただいていいでしょうか?」

このときにはあたしはピンクの中振《ちゆうふり》を着ていました。いちばん若かったし、きっと可愛らしかったのでしょう。皆さんが「踊ってくれ」とおっしゃるけれど、あたしは今でもそうですけれど、いたって面喰《めんく》いなのです（面喰いとはハンサムな人が好きということ）。

ですから、いくら政府の偉い人でも、あまりパッとしないお爺さんだと

「疲れていますから」

とお断わりするのに、この方はとても素的なのです。後年、マイケル・ケインを見るとこの方を思い出します。

「ワァ、ステキ、踊りたいなァ」

と夫に日本語で言いますと

「しゃァない、面喰いやなァ」

と夫は笑いながら、「どうぞどうぞ」と言ってくれました。そして、立って踊りはじめました。
その方はミスター・ジャムブリングというCIDの親方《コンミシヨナー》なのです。
踊りも日本人みたいに難かしいステップを踏んでクソまじめに踊るのとちがって、音楽に合わせてとても楽に踊りながら話しかけます。
「あなたは本当にチャーミングな人だ」
とこれはお決まりの外交辞令の殺し文句です。そしてあたしの耳元で囁くように
「アイ・ノウ・エヴリシング！（私は何もかも知っているんですよ）」
こちらはスネに傷を持つ身です。ハッとしましたが、白っぱくれて
「何をご存じなの？」
と聞き返しました。彼は抱いた手に力を入れながら
「あなたのようなチャーミングな女性はあんまり命がけの冒険はなさらないほうがいい」
と言ってあたしの目の中をジッと見つめます。
あたしはすっかり中っ腹になってきて
「いつあたしをジェール（牢屋）にお入れになるおつもりなの？」

と負けずに相手の目を見上げて言いました。彼はやさしく
「ヴェリイ・スーン（近いうちにね）」
と言いました。はたから見たらロマンティックにやさしく彼が恋を囁いてるように
しか見えません。あたしは
「もしも、あたしをジェールにお入れになったら、それから、どうなさるの？」
と聞きました。彼はまたやさしく
「毎日面会に行ってあげますよ。だから、ジェールの中でも決して淋しい思いはさせ
ない」
そして、あたしの額に唇を押しつけました。
ちょうどそこで音楽が終わりました。
席に戻ってから、あたしは夫に
「あの人皆知ってるのよ」
と言いましたら
「じゃ、そろそろ和製マタハリも一巻の終わりやなァ」
と、ケラケラ笑いました。
ところが、このあと五日ほどして大東亜戦争の開戦となり、とうとうジャムブリン

グさんはあたしをジェールに入れることはできませんでした。

収容所生活

十二月のある朝です。夫が役所に出ないで家にいましたから日曜であったかと思います。時差がよくわからないので印度でも十二月八日であったかどうかは覚えていません。

「ドンドン」とたいそう不遠慮なノックのしかたでドアを叩く音がしました。夫は

「ホラ、おいでなすったぞ」

と言ってあたしに風呂場を指差しました。前から打ち合わせてあった通り、あたしは風呂場に入り、鍵をかけていっぱいにコックをあけ、水の音をなるべく高く立ててバスタップにお湯を入れはじめました。

当時の英国式のアパートは皆ガス風呂で、ひねるとボオッとガスがつきます。相当、大きいボイラーなので、お湯の出る根元に、広く青い火がメラメラ燃えます。

あたしはなるべく大きな声で

「菜の花畑に入り陽薄れ」

と唄いながら、タオルの棚に上げてある機密書類を四、五枚ずつ破っては焼きはじめます。一週間くらい前に役所から書類を皆持ち返って大きなバスタオルの間にはさんでタオルの棚に積んであるのです。

ペラペラよく燃えるのですけれど、燃えかすがバスタッブにヒラヒラ散ります。それに何しろ、紙を燃すのですから、煙が出ます。あたしは風呂場の窓をいっぱいに開けてタオルで一生懸命あおいで煙を外に出すわけです。

幸いなことに風呂場の窓の外はズーッと庭になっていて人っ子ひとり通りません。少しくらい煙が出ても誰の目にもつきません、ヤレヤレ。

あたしは唄はうたわなければならない。

書類も燃さなければならない。

タオルで煙はあおぎ出さなければならない。

ただ、もう無我夢中でした。

その間、夫が、入って来た制服の五人の英国人たちと話しながら時間をかせいでいます。サァ、十分くらいたったでしょうか、書類はすっかり跡形もなく全部灰になり、焼けかすがちょっとお湯の上に浮かんでいましたが、もうドアを開けても煙は外に出てしまって全部が納まってしまっています。

夫がドンドンとバスルームのドアを叩き
「早く出なさい」と言いました。

あたしはわざと髪をビシャビシャに濡らして、タオルで拭きながらバスローブのまま、キョトンとした顔でドアをあけました。

いっせいに制服の警察官と軍人とが立ち上がり
「貴国といよいよ戦闘状態に入りました。近いうちにキャンプに入っていただきますが、とりあえず今から二十四時間はどこにも出ないように」

中でいちばんえらそうな軍人が丁寧な言葉で言いました。あたしは、さもびっくりしたように、また怖くてたまらないように夫の背中にぴったり隠れてシクシク泣き出しました。夫は
「大丈夫、大丈夫、何も怖いことはないよ。心配しなくてもいい」

といかにも若くて何もわからない幼い妻をいたわる様子をしました。

「本当に残念です。しかし、マダム、心配なさらないでください。大英帝国は紳士の国です。キャンプにお入れしても、あなた方は大切にお守りしますから」

と丁重に言ってくれました。

外国映画などで見ると、こんなとき、女の人は必ず気絶《フェイント》します。だけど、それだけはあたしはやりませんでした。あとで聞いたのですけれど、ミセス本《もと》はちゃんと気絶されたそうです。あたしはただ怖くてたまらないように夫の後ろに押っついて震えていました。

彼らが引き上げていったあと、夫は

「どうや、皆焼いたか?」

と聞きました。

「全部終了、このタイミングのよさ」

と言ってウィンクをすると

「えらい演技力やなァ」

とほめてくれました。

それからしばらくはアパートから一歩も出られない軟禁状態が続きます。

そのあいだ中、ヴィッキイが、新鮮な果物や手焼きのケーキやクッキイを毎日届けてくれました。もう一人あたしには忘れることのできない印度人のボーイのことを書かなくてはなりません。

アブラヒムといって、十六歳の少年でした。

初めの歯ぬけのボーイが病気になってしまったのです。カルカッタではカンカン照りの道端で、立ち膝をして床屋さんが開業しています。お客も立ち膝でチョキチョキと頭を刈ってもらうわけです。

何しろ、三十八、九度くらいの炎天の中で、やってもらうのです。そのうちに引っくり返っちゃった。

彼は自分では「アバウト・サーティ・ファイヴ（おおよそ三十五歳）」なんて言っていましたが、ぜったい六十歳は越していたと思います。

そのボーイの甥にあたるのがこのアブラヒムです。顔立ちのとてもよい少年で、背の高い、顔が真っ黒なので歯がとても白い、子供と大人のあいだみたいな清潔な感じの少年でした。

この子が大変なあたしの崇拝者なのです。

もう一人の料理をするボーイがあたしに
「アブラヒムはサーバント・クオーターで『カルカッタ中のメンサブの中で私のメンサブがいちばんきれいで、頭がよくて、やさしくて、女神さまのようだ』と自慢するんですよ」

と言いました。ズーッとのちに、戦争になり、あたしたちは一文なしでヒマラヤの山のてっぺんのキャンプに入るのですが、この少年はどうしても一緒に連れてってくれと言います。

「私たちはサラリーが払えないから」

と夫が言いますと

「パイサー、ネーマンタァ（お金なんて、いりません）」

と言って九カ月の抑留生活中ずっと離れずについていてくれました。夫は

「アブラヒムの初恋やろな」

と冷やかしますが、大きな黒い目をした本当によい子でした。この子がヴィッキイと打ち合わせて果物や手造りのケーキなどを差し入れてくれるのです。これは下手をすると命がけですのに…。

また、皆が「ボーイ、ボーイ」と呼ぶのに、あたしは「アブラヒム」と呼びますので、それも嬉しかったようでした。

しばらくしてあたしたちはヒマラヤの山の頂きにあるムッスリーというところの「マラコフ」という収容所に送られるのですが、あたしたちはこの押しかけボーイの少年を連れて行くことになりました。彼は他の方たちのためにも、よく雑用を足しますし、少しも骨惜しみをしないので皆様に可愛がられていたようでした。

山の上は、とても印度とは思えないくらい寒くて、あたしにとっては貴重な経験でした。第一にありがたかったのは飯田様の奥様とご一緒だったことです。部屋も隣りにとっていただき、いつも力になっていただきました。

あたしはどうも生まれつき三枚目なところがあるので、飯田夫人はあたしが何か突《とっ》拍子《ぴょうし》もないことを言いますと、キャッキャッとお笑いになるのです。

キャンプにはビルマ、シンガポール、モンバサなどから外務省関係の方や海軍武官（?）、陸軍の密偵などが皆集められてきました。このためキャンプは、カルカッタ総領事館だけというような少人数とはちがい大世帯になりました（七百二十人いたそうです）。

あたしのような世間知らずの者には誠に面白いことばかりで、たいそう勉強になった九カ月でした。

あたしと飯田夫人はいつも一緒で、あたしは金魚の何とかみたいに、飯田夫人にキャンプの外でも内でもくっついて歩いていました。

まず第一に印象に残っているのはラングーンの総領事館から来た宮崎爺さん、婆さんです。この二人の役目はお爺さんはお庭の手入れ、お掃除、お婆さんは台所や雑用というところでしょうか。お婆さんは、キャンプに入ってくるときに大切そうに古い箱枕を抱えてきました。そして、大きな声で紀州弁でしゃべります。「それでのし、それからのし」といつも「のし」がつくのが面白うございました。

宮崎のお婆さんは「総領事さまのスデッパ」なんて言うので何かと思うとスリッパのこと。また「セドロイドのしゃぼん箱」なんて言いました。これはセルロイドのことです。

いつも頭のてっぺんに小さないぼじり巻みたいなまげをつけて中に昔の細い簪《かんざし》をさして、暑い国から来た人らしく浴衣で造ったアッパッパを着ていました。急に寒いところに来たので、飯田夫人やあたしの上げたセーターを重ね着していました。

また、お爺さんは耳が遠くて、それでいつもあたしに
「だいたい、おれは、とてもいい耳をしていたんだね。それが五十年近くあの婆さんに大声で毎日どなられてばかりいるので、とうとうこんなにつんぼになっちまったのだ」

と言っていました。でも、本当は円満で、お婆さんは大声でどなりつけるけれど、本心はお爺さんをとても大切にしていました。

また、モンバサから来られた方に池野夫妻という、その当時三十そこそこの若いカップルがありました。断髪の背の高い奥様で、生後六カ月くらいの赤ちゃんを連れて

おられました。
重要な会議のときなど、その旦那様はそわそわと時計を見ては、少しも落ちつきません。そして、サッと立ち上がると
「時間が来ましたので、私は中座させてもらいます」
とおっしゃる。他の人たちが
「まだ会議は終わっていませんし、これから重要なお話があるのですが……」
なんて言っても
「いや、今ちょうど赤ん坊にお湯を使わせる時間なので失礼します」
と言って、サッサと行ってしまいになるのです。
その頃、重要会議の時間をふり捨てて、赤ちゃんにお湯を使わせると言って中座なさるようなマイホーム亭主は皆無でしたから、皆さん唖然《あぜん》としておられました。
また、ビルマの女の子で総領事館で働いていたという十六歳の娘もいました。すごくよく太った娘でシンガポールから来ていた若い男性と仲よくなって（この人は陸軍からまわされてきている密偵とのことでした）、しまいにはおおっぴらに手をとって散歩に行ったりするので、これもあまりそういうことに馴れていないあたしをびっくりさせました。

その日本の男性は、なかなかハンサムでしたが、ビルマ娘はボッテリとした丸顔の娘で、片言のあまり感心しないガラの悪い日本語でよくしゃべるのに悩まされました。

そのうちに男性たちのヒステリーが一日増しにふえてきました。

まず、カルカッタの館員から始まります。

Tさんがイサックという現地のボーイを何かつまらないことで立腹して、持っていたフォークでほっぺたを力まかせに刺してしまいました。

血はタラタラ出るし、そんなとき、印度人は向かってくることはできません。あたしはイサックが可哀そうで、日本人の男性のヒステリーって、まったく情ないと思いました。

もう一人、これもカルカッタの館員でAさん。この方は気が向かないと朝からぜったいに口をききません。人が「お早うございます」と言っても「今日は」と言っても知らん顔です。

個人で別々の生活をしているときはいいけれど、こういう集団生活となると、本当にその人の生地が剝き出しになるのですね。

海軍武官のオジサマ（領事館にいた方なのに「武官」はおかしいのですが、皆そう呼んでいました）と、あるところの総領事とが大立ちまわりをなさったのもその頃です。

この海軍さんはあまり大柄ではないけれど、いかにもガッチリとした怖い顔の方でした。新橋でスマートな海軍さんばかりとお目にかかっていたので、同じ海軍さんでも、こんなにヤボな海軍さんもあるのかとびっくりしました。とにかく、相当なインテリの方々が揃っているのに、男性のヒステリーはますますひどくなっていきました。

何と言っても、飯田様とあたしは精神的にゆとりがあったみたいで、飯田夫人はいろいろな高山植物を眺めて研究なさっていました。これが戦後の飯田夫人の「アートフラワー・ミユキ・スタジオ」につながるわけですが。

あたしはあたしで、キャンプの管理をしているマーフィーという意地悪爺さんと、どうやってケンカをしようかと毎日考えていたものです。

何か簡単な要求したいことがあっても、この意地悪爺いは「ノオ、ノオ」の一点張りで、男の方が交渉に行くと、すぐ角突《つのづ》き合いになります。あたしが行くと、さすがの意地悪爺いも娘みたいな歳のが舌足らずの英語で甘ったれるのですから、初めは「ノオ」なんて格好つけても、結局は「よしよし」になります。

ニコリともしない、グルーチョ・マルクスを白髪にして、うんと意地悪くしたような感じの人でしたが、二カ月もすると、ニコニコして向こうから「ハロー」なんて言うようになりました。

飯田夫人がステキに美味《おい》しいケーキを焼いて、二人で届けに行ったりしたのも功を奏したようです。

ガードがついて、山を下りて買物に行くことも許しましたし、毎日の散歩も許しましたし、しまいにはドラム罐で日本式の肩までつかる深いお風呂も造ってくれました。夜、あたりがすっかり寝静まってから、飯田夫人と二人でこのドラム罐のお風呂につかりながら

「何だか温泉宿の女中さんが、しまい湯に入ってるみたいね」

「うしと見し世ぞ今は恋しきといって、今にきっと十何年かたって考えると、このドラム罐のお風呂も懐しい思い出になりますよ」

などと笑ったものでした。

春が来ますと、しゃくなげの花が咲き、青いけしの花が咲き（これは印度だけです）、木蓮《もくれん》が素晴しい高い香りを山中に漂わせて、山の中は春いっぱいです。野生のお猿がヒョコヒョコ出てきて、パンのクズなどを持っていくと人なつこい顔で寄ってきます。どこか、よその若い館員の方が散歩に出たとき、一匹のお猿に石を投げて、そのお猿がひどい怪我をしました。その次の日に、何人かで列を作って散歩に出ましたら、何十匹かのお猿が他の人でなく、ちゃんと前日に石を投げたその人一人に狙いをつけ

てワァッとかかってきて本当に恐ろしかったそうです。

印度人のガードが銃を（もちろん、空砲でしたが）撃って、お猿を脅かして、やっとお引き取り願ったそうです。お猿たちが、怪我をさせた人の顔を覚えていたということの話はしばらくキャンプ内の皆の話の種でした。

毎日、男の人のヒステリーを見ていると、こういう逆境に立つと女のほうがズッと強いのではないかと思いました。飯田夫人もあたしもドラム罐のお風呂の中で男性のあの人やこの人をサカナにして、フラストレーションを発散していました。

主にあたしがメチャラクチャラに男性のことをこきおろして、飯田夫人はただ聞き役で、キャッキャッとお笑いになっただけですけれど…とにかく、あたしたち二人は、とても明るかったと思います。

毎日、苦しかったり楽しかったりしているうちに九カ月たちました。

いつ日本に帰れるかわからないということで、むしろあたしなど

「ヨーシいるだけいてやろう」

なんて考えていましたのに、突如として軍用トラックに乗せられて、山を下りることになりました。昭和十七年の八月五日でした。ボンベイの港に行って船に乗り、ロレンソマルケスというアフリカの南の端まで行き、さらにそこから交換船の「竜田《たつた》

丸」に乗らなければならないのです。

またまた、あたしの新しい冒険がはじまるわけです。アブラヒムは泣いて泣いてトラックが出るまで泣いていました。

今、きっと彼は五十何歳かになっていると思います。きっと子供や孫にジャパンカ・メンサブの話をしていることでしょう。

ニューヨークで背の高い、顔の黒い、歯の白い印度の少年を見ると必ずアブラヒムを思い出します。

軍用トラックで舌をかみそうに揺られながら、三日くらいかかってボンベイに着きました。

汚い船が待っていました。「シティ・オブ・パリス」です。そして、また、二週間かけてアフリカの南端、ポルトガル領東アフリカに行くわけです。

ロレンソマルケスは美しい街でした。

見たこともない花がいっぱい咲いていました。ハイビスカスです。歩いている人は皆黒いのですが、印度人の顔立ちとはまるっきりちがいます。そこに、「竜田丸」が英国人や米国人を乗せて来ました。そして、ここで交換するわけです。

名前をいちいちチェックするので三日かかりました。そして、やっと「竜田丸」はあたしたちを乗せて横浜に向かいました。

その頃は、ご真影《しんえい》（天皇、皇后両陛下のお写真のことをご真影と言います）が何より大切なもので、総領事館館員は、いつもこのご真影を守らなければなりません。交換船に乗りこむときも飯田夫妻はこのご真影を大切に抱えておられました。

英国との取り決めに基づいて船は夜半でも煌々《こうこう》と甲板にいっぱいの明るさを保って走ります。ぜったいにこの交換船と赤十字の船は爆撃をしてはいけないという取り決めになっています。

しかし、浮遊機雷はどうすることもできません。そこら中に浮遊機雷が浮いているというのですから、毎晩、救命具をつけて寝るわけです。

霧のひどい夜など、まるっきり手さぐりみたいにこの一万トン以上の船がソロリソロリと行くのです。汽笛をのべつまくなしに、ボーボーと鳴らしながら…。

夜寝るときも皆、万一に備えて浮き袋をつけて、ほとんど毎日、避難訓練をやりました。

「ソレッ」と甲板に全員上がって両側に別れ、ボートを下ろす。あたしは映画で見たタイタニック号の沈没を思い出しました。

こうして、またエンエンと一カ月余もかけて昭和十七年の九月二十七日に日本に帰ってきました。

そして、すぐに夫はビルマに行き、あたしは、そのあと、男の赤ん坊を生み、戦中戦後のもっともっと苦しい荒波にもまれていくことになります。

あとがき

〝もの〟なんて書いたことのないあたしがつたない文章で書いたものですのに、読んでくださってほんとうにありがとうございました。

実は八年前に日本に帰ったとき、林の謙ちゃん（林謙一さん）がちょうど「おはなはん」を書かれたあとで、ご子息の林秀彦さんが「鳩子の海」をお書きになっていた頃でした。秀彦ちゃんは赤ちゃんのときよりお逢いしていません。あたしの持っていった象さんに乗って大喜びをしておられる一歳くらいのお写真の頃より知らないのです。

日本に帰ると必ず謙ちゃんとはそこら中、ご一緒に連れて歩いていただいたものです。ちょうど彼の個展をやっていて（チャーチル会の会員で、すごく面白い絵をかいた方です）、その会場に行ったり、ヘンリー島の内氏に帝国ホテルでシャリアピン・ステーキをご馳走になったり、「謙ちゃんと喜春」というと、どなたも奥様公認のポン友だということを知っておられました。

「喜春ちゃん、今度帰ってきたらぜったいにおれ『喜春』ってのを書くよ。『おはなはん』よりもっと色っぽくて面白くなるぞ」って謙ちゃんは張りきっておられました。

「そうね。また来年帰ってきますから、そのときにね」とあたしは言い、謙ちゃんは「ただテープ取るから、しゃべってくれりゃいいんだよ。そのあとはおれが面白く書くからね」と言ってくださいました。ところがあたしは次の年どころか、八年も日本に帰ってこなかったのです。謙ちゃんは死んでしまいました。

だから、喜春ちゃんは自分で書いたんです。生まれて初めて書くのですから、ぜんぜんどうしていいかわからず、ただなつかしい方たちのお顔を思い浮かべて自分の言葉で書くだけよりできません。

東郷青児先生のことを書いていると「喜春ちゃんおれのこと書くんなら、もっと色気のあることを書けよ」なんてお声が聞こえてきます。そんなとき、日本のニュースで東郷先生が亡くなられたことが伝えられます。また、里見先生のところに今度日本に帰ったら「米田家」の女将さんとご一緒にお訪ねしようかな、なんて考えながら書いていると、里見先生が亡くなられたことが報道されます。

堀口先生と、なつかしい吉原の「叶屋」の話やコクトーさんのことなんかもお話しに行こうなんて思っていると堀口先生の訃報が入って来ますし…。あたしはそのたびに涙をこぼしてニューヨークで、一人でお通夜をするのです。五月に東京に帰りましたとき、謙ちゃんのところに奥様をお訪ねしました。クリスチャンでいらっしゃるのに奥様が特別にあたしにお線香を上げさせてくださいました。元気な謙ちゃんのお写真が飾ってあって、なお悲しかった。

また、東郷先生のところにうかがって奥様にお目にかかりたいと思ったら、奥様も亡くなられていました。あたしは本当に世の中がはかなくなってしまいました。

でも皆様のおかげで、思いがけず一冊の本にしていただけたことはありがたいことです。

どうしてもあたし自身の話言葉でより書けませんし、また花柳界独得の単語がいっぱい出て来るので、編集の皆様に、とてもご苦労をかけてしまいました。

「若い読者には理解できないところがたくさんある」とおっしゃられると辛いのですけれど、やはり約束ごとの多い世界なので、堪忍《かんにん》してくださいね。

ほんの少しのことで、現代語にしますとニュアンスがまるっきり、ちがってしまうのですから。

加瀬社長様、村上様、そしていちばん苦労をかけた木谷様、ほんとうにほんとうにありがとう存じました。アメリカ人はもちろん日本人でも芸妓《げいしゃ》というものをぜんぜんご存じなく、たいそう誤解しておられる向きが多いので、あたしのこのいたらない本がせめても「新橋の芸妓《げいしゃ》」というものを理解していただけるようすがになれば幸いです。

あたしはアメリカの大学でよく講演を頼まれます。こちらのPhD（博士号）は持っておりませんので教授（プロフェッサー）の資格はありませんが、講師（ゲスト・スピーカー）としてニューヨークはもちろん、マイアミ大学、ジョージア州立大学、テキサス州立大学等々に出かけることがあります。どこへ行きましても、そのたびに、まずあたしが新橋の芸妓《げいしゃ》であったことをいちばん初めに申します。維新の元勲の奥様のほとんどが芸妓《げいしゃ》出身であったことなどを話し、そして世の中に誤解されている理由を釈明することから講演をはじめるわけです。

この本にはあたしの青春時代、「戦前」のことを書きました。この次には何とかして戦中や戦後のことも書いてみたいのです。もっともっと波瀾万丈、ずいぶん大変な思いをし、しまいにはアメリカまで来ちゃったのですものね。一生懸命また書いてみます。そうしたら、また読んでくださいましね。

あたしが育てられた新橋の芸妓組合、そして可愛がっていただいたごひいきのお客様、また素晴しい影響を与えてくださった先輩のお姐さんたちに改めて厚く厚く、お礼を申し上げて「あとがき」を結びます。

一九八三年七月一日　　ニューヨークにて

喜《き》　春《はる》

＊本書は、一九八三年に当社より刊行した著作を文庫化したものです。

草思社文庫

江戸っ子芸者一代記

2012年 8 月 10 日　第 1 刷発行

著　者　中村喜春（なかむら・きはる）

発行者　藤田　博

発行所　株式会社 草思社

〒160-0022　東京都新宿区新宿 5-3-15
電話　03(4580)7680(編集)
　　　03(4580)7676(営業)
　　　http://www.soshisha.com/

本文印刷　株式会社 三陽社

付物印刷　日経印刷 株式会社

製本所　加藤製本 株式会社

装幀者　間村俊一（本体表紙）

ISBN978-4-7942-1915-2　Printed in Japan